Menschin

Roger Bacon

Zugänge zum Denken des Mittelalters

Herausgegeben von Mechthild Dreyer
Band 4

Günther Mensching

Roger Bacon

ASCHENDORFF MÜNSTER

Umschlagabbildung:
Tabula Peutingeriana
Kartenabschnitt der Kopie einer
römischen Straßenkarte, 12. Jahrhundert

Druck: Aschendorff Druck und Dienstleistungen GmbH & Co. KG, Münster, 2009

ISSN 1612-2860
ISBN 978-3-402-15670-4

Für Alia

Inhaltsverzeichnis

Vorwort

Roger Bacon ist einer der merkwürdigsten und eigenwilligsten Denker des Mittelalters. Obwohl deshalb sein Werk und fast mehr noch seine Person immer wieder ganz verschiedenartiges Interesse auf sich zogen, gibt es im Grunde keine umfassende Darstellung. Die besten Bücher der letzten sechs Jahrzehnte sind entweder Spezialstudien oder stellen die Biographie in den Mittelpunkt. In der vorliegenden knappen Studie ist nicht beabsichtigt, allen inhaltlichen Aspekten und geistesgeschichtlichen Bezügen des Baconschen Œuvres nachzugehen, sondern seine vielfältigen Momente aus ihrer zentralen Intention heraus philosophisch zu begreifen. Das Buch versteht sich als Einführung, freilich in einem besonderen Sinne. Bemühen sich die meisten Bücher dieser gegenwärtig sehr reichhaltigen Literaturgattung darum, Elementarwissen für Anfänger zu präsentieren, so soll hier ein Beitrag zu einer philosophischen Rezeption und Interpretation Roger Bacons geboten werden, eine Einführung auf dem Stand der Forschung, die über diesen hinaus der Interpretation der Theoreme neue Perspektiven weist.

Ein solcher Beitrag ist aus mehreren Gründen an der Zeit. Das seit Jahren sehr lebhafte Interesse für das Mittelalter hat Untersuchungen angeregt, die dessen traditionelles Bild als einer, je nachdem, finsteren oder gottseligen Epoche erheblich modifizieren. Zwar bleibt das Mittelalter auch heute ein fernes und unwiderruflich vergangenes Zeitalter, aber es wird immer deutlicher, daß viele Quellen der Moderne nicht erst in der Renaissance, sondern weit früher anzusetzen sind. Das betrifft nicht allein die philosophische Reflexion, sondern Recht, Politik und Gesellschaft ebenso wie die Entwicklung von Naturwissenschaft und Technik. Die Epochenschwelle ist weniger hoch und verläuft anders als es noch Hans Blumenberg annahm. In den eingehenden philosophischen, historischen, insbesondere kulturgeschichtlichen Untersuchungen des vergangenen Jahrhunderts wurde einerseits aufgedeckt, welche Voraussetzungen der Moderne im Mittelalter geschaffen wurden, andererseits zeigte sich auch, welche geistigen Potentiale dem zivilisatorischen Fortschritt preisgegeben wurden. Die Dialektik des Fortschritts, die gewöhnlich als ein Merkmal der Moderne gilt, bestimmt den historischen Prozeß bereits im Mittelalter.

Roger Bacon ist ein Autor, an dem sich das Ineinander dieser Tendenzen im Mittelalter besonders klar zeigen läßt: wie hellsichtig manche seiner Antizipationen der neuzeitlichen Naturwissenschaft waren und wie tief sie zugleich in traditionellen Vorstellungen wurzeln, die heute als überwundene Irrtümer, wenn nicht als Aberglaube gelten. Die moderne Naturwissenschaft, so ist daraus zu folgern, hat sich aus theologischen Theorien und religiösen Weltbildern entwickelt und von ihnen befreit. Dennoch bleibt die Frage, wieweit sie ihren Ursprüngen bis heute verhaftet ist.

Über das Problem der Genese der Naturwissenschaft hinaus ist Roger Bacon aktuell, weil er seine Hauptwerke im Bewußtsein seiner geschichtlichen Zeit geschrieben hat. Seine Epoche stellte sich ihm – anachronistisch ausgedrückt – als ein *clash of cultures* dar, der geradezu apokalyptische Perspektiven hatte. Das politische Interesse an einer Befriedung der Welt durch die Entfaltung der Vernunft und der Wissenschaft über die Grenzen der Religionen hinweg war damals ein Desiderat und ist es heute wieder. Sogar manche Linien der Konflikte sind wieder dieselben.

***

Die folgende Erörterung der Hauptgebiete des Denkens von Roger Bacon bemüht sich, ihn mit entscheidenden Aussagen authentisch, in relativ vielen Zitaten zu Wort kommen zu lassen. Sein häufig sehr drastischer Stil gehört zu seinem Denken und muß daher im lateinischen Original dokumentiert werden. Die zuweilen vom klassischen Latein abweichende Schreibweise folgt den zitierten Ausgaben.

Die durchweg vom Autor besorgten Übersetzungen sind als Verständnishilfe in den Anmerkungen beigegeben. Dies ist nötig, weil es bis jetzt fast keine deutschen Übersetzungen seiner Schriften gibt. Auch die älteren lateinischen Textausgaben sind nicht in allen großen Bibliotheken ohne weiteres greifbar, und nur wenige Werke haben Neueditionen erfahren.

I. Einleitung

Wer war eigentlich Roger Bacon? In der literarischen und wissenschaftlichen Wahrnehmung ist seit seinen Lebzeiten im 13. Jahrhundert ein sehr vielfältiges und widersprüchliches Bild entstanden. Wo man ihn überhaupt kannte und nicht mit seinem Namensvetter Francis Bacon (1561–1626) durcheinanderbrachte, galt er bald als Meister der schwarzen Kunst und der Astrologie, bald als nüchterner Naturwissenschaftler, dann wieder als scharfsinniger Sprachtheoretiker oder als spekulativer Metaphysiker oder auch als besonders frommer Minderbruder. Seit jeher ranken sich um seine Person wie kaum um einen anderen mittelalterlichen Autor geheimnisvolle Legenden, und abenteuerliche Phantasien mischen sich zuweilen trübe mit historischen Tatsachen. Die meisten Rubriken, in die er eingeordnet wurde, haben indes eines gemeinsam: Sie treffen zu und sind doch unzureichend. Roger Bacon läßt sich nicht mit einer der bekannten mittelalterlichen Qualifizierungen hinreichend bestimmen, und auch die anachronistischen, aus der neuzeitlichen Wissenschaft entnommenen Etiketten führen in die Irre. Er war nicht eigentlich ein Scholastiker wie seine Zeitgenossen Albertus Magnus und Thomas von Aquin. Zwar war er zeitweilig in Oxford und Paris als Lehrer der freien Künste tätig, band sich aber nie eng und dauerhaft an die Institution der Universität an. Deren Lehrmethoden hat er vielmehr frühzeitig und nachdrücklich kritisiert. Wenngleich für ihn die Theologie die höchste Wissenschaft war, kann er doch nicht als Vertreter dieser Fakultät gelten. Er war nicht einmal geweihter Priester und hat die theologische Ausbildung, wenn überhaupt, so nur bruchstückweise absolviert, vielleicht bei Adam Marsh (ca. 1200-1259), der Lektor am Oxforder Franziskanerkonvent war und sich außer auf die Theologie auch auf die Mathematik verstand. Die damals üblichen theologischen Lehrschriften, Kommentare zur heiligen Schrift, Traktate zu Schöpfung, Trinität und Erlösung, oder den obligaten Kommentar zu den Sentenzen des Petrus Lombardus, hat Bacon daher nicht geschrieben.[1] Wohl war er Franziskaner, aber kein Glied der ei-

1 Stewart Easton schreibt in seiner sehr kritischen Biographie, es gebe keinen Hinweis darauf, daß Bacon in Oxford oder Paris jemals Theolo-

gentlichen Franziskanerschule, die auf Bonaventura folgte. Mit diesem und seinem Nachfolger im Amte des Generalministers der Minoriten, Hieronymus von Ascoli, hatte er vielmehr heftige Konflikte, deren Bezug zur Glaubenslehre nicht recht deutlich ist. Er war daher auch nicht ein Ketzer, wie Rupert Lay es unter Aufnahme alter Legenden im 20. Jahrhundert behauptet hat.[2] Oft wird er als empirischer Natur- und Ingenieurwissenschaftler avant la lettre angesehen, so bei Pierre Duhem und mit anderer Begründung bei Alistair Crombie.[3] Dies ist er nicht gewesen, auch wenn er chemi-

gie studiert habe. Trotz seines großen Interesses an dieser für ihn höchsten Wissenschaft habe er eher die Position eines aufmerksamen Außenseiters eingenommen. Cf. S. Easton, *Roger Bacon and his Search for a Universal Science. A Reconsideration of the Life and Works of Roger Bacon in the Light of His Own Stated Purposes,* 2. Aufl., Westport, Connecticut 1970, S. 19-21.

2 Lay, R., *Die Ketzer. Von Roger Bacon bis Teilhard,* München o.J. (1981), S. 21-42. Der Autor behauptet sogleich am Anfang seines Kapitels über Bacon, dieser habe gegen die Theologie gedacht und sei, emanzipiert von deren Fesseln, zum Mißfallen der Kirche ein vorzeitiger Naturwissenschaftler. (S. 21) Die folgende Darstellung wird zeigen, daß Bacons Stellung zur Theologie weitaus differenzierter war.

3 Duhem, P., *Le système du monde. Histoire des doctrines cosmologiques de Platon à Copernic,* Bd. III, Paris 1915, S. 442 ff., und Crombie, A., *Von Augustinus bis Galilei. Die Emanzipation der Naturwissenschaft,* Köln/Berlin 1959, S. 49-53. Noch kürzlich ist die unrichtige Einordnung Bacons als eines vorzeitigen Naturwissenschaftlers im modernen Sinne vertreten worden in dem Buch von B. Clegg, *The First Scientist. A Life of Roger Bacon,* London 2003. Die These, es bestehe eine bisher vernachlässigte unmittelbare Kontinuität zwischen der Naturphilosophie des Mittelalters und der neuzeitlichen Wissenschaft, die noch von anderen Autoren vertreten wird, hat eine lange Kontroverse nach sich gezogen. Sollte die Kontinuitätsthese die alte, seit der Renaissance und besonders seit der Aufklärung bestehende Geringschätzung der mittelalterlichen Wissenschaft korrigieren, so bestehen die modernen Gegner dieser Auffassung auf der Differenz, indem sie das grundsätzlich Neue, aus dem Alten analytisch nicht Ableitbare der modernen Naturwissenschaft zur Geltung bringen. Die Kontroverse wird knapp, aber eingehend referiert von dem Wissenschaftshistoriker und Baconkenner David Lindberg, *Von Babylon bis Bestiarium. Die Anfänge des*

sche Experimente angestellt, optische Geräte konstruiert und Flugzeuge, U-Boote und Automobile projektiert hat.[4]

Sein Werk läßt sich überhaupt nicht in gängige Klischees einordnen. Der Ruf des Alchemisten und Magiers, der ihm schon zu Lebzeiten angeheftet wurde, ist bis auf ein rationales Moment falsch. Gegen Magie hat er mit guten Gründen polemisiert, die Alchemie aber hat er als Teil seiner *scientia experimentalis* betrieben und ist dabei für seine Zeit zu erstaunlichen Einsichten gekommen. Daraus darf man aber nicht folgern, daß Bacon ein Vorläufer des modernen Empirismus sei und seinen Namensvetter Francis Bacon antizipiert habe.[5] Wenn er im Rahmen der gegenwärtig dominan-

abendländischen Wissens, Stuttgart/Weimar 1994, S. 373-378. Der Bemerkung Lindbergs, die extremen Vertreter der einander entgegengesetzten Thesen hätten gleichermaßen unrecht, ist zuzustimmen. Darüber hinaus ist allerdings den Gründen von Kontinuität und Bruch in der Wissenschaft nachzugehen, die im epochalen Wechsel in der Stellung des Denkens zur Welt liegen.

4 Roger Bacon, *De secretis operibus artis et naturae et de nullitate magiae*, in: J. S. Brewer (Hrsg.), *Fr. Rogeri Bacon Opera quaedam hactenus inedita*, London 1859, S. 523-551. Diese kurze Abhandlung beschreibt keine neuen Erfindungen, zu denen die technischen Instrumente und die theoretischen Grundlagen noch völlig fehlten, aber sie bezeugt – wie zu zeigen sein wird – einen fundamentalen Wandel im Verhältnis des Denkens zur Natur. S. Easton nimmt an, daß Bacon weniger durch eigene Experimente als durch Lektüre wissenschaftlicher Schriften seiner Zeit und durch Gespräche mit experimentell arbeitenden Zeitgenossen zu seinen Kenntnissen gelangt sei. Die These, daß sein Wissen großenteils aus zweiter Hand stamme, ist allerdings sicher übertrieben; sie ändert auch nichts daran, daß Bacon eine in wesentlichen Punkten avancierte und originelle Konzeption von Wissenschaft vorgetragen hat. Cf. S. Easton, op. cit., S. 111-117.

5 In diesem Sinne deutet J. Kupfer die philosophische Orientierung Bacons: *The Father of Empiricism: Roger not Francis*, in: *Vivarium* 12 (1974), 52-62. Der Urheber der Meinung, Roger Bacon sei ein Empirist und habe als einziger im Mittelalter die induktive Methode verwendet, ist Francis Bacon selbst. Er hatte eine wenn auch schwache Kenntnis von Schriften seines Namensvetters. Wahrscheinlich kannte er lediglich die *Epistola de secretis operibus artis et naturae*. Cf. J.R. Weinberg, *Historical Remarks on some Medieval Views of Induction*, in: ders., *Abstrac-*

ten Richtung als genialer Vorläufer der analytischen Philosophie betrachtet wird, so werden Elemente seiner Semiotik verabsolutiert, die in seinen Texten in einem ganz anderen, nämlich theologischen Zusammenhang stehen. Seine Forderung, außer Latein auch die biblischen Sprachen Griechisch und Hebräisch, womöglich auch noch Arabisch und Chaldäisch zu lernen, sollte einer besseren Theologenausbildung dienen, die er durch den damals üblichen Betrieb der Disputationen und der dort erörterten Quaestionen sowie durch die obligatorischen Sentenzenkommentare auf falschen Bahnen sah. Ein moderner Sprachwissenschaftler war er also auch nicht.

Die Hauptwerke Bacons waren als Begründung einer neuen Organisation der Wissenschaften und vor allem als Reformvorschläge für das Theologiestudium gedacht. Sie hatten eine eindeutig politische Funktion, zielten sie doch auf die Rolle der profanen Wissenschaften in der christlichen Welt. Dennoch ist Roger Bacon nicht eigentlich ein politischer Autor wie Wilhelm von Ockham, Marsilius von Padua oder Dante. Wenngleich sich seine Reformideen primär an den Papst wendeten, war er doch weit entfernt, ein kurialistischer Theoretiker zu sein wie etwa Aegidius Romanus. Die aktuelle Kirche und ihre hohen Repräsentanten hat er vielmehr heftig angegriffen, weil sie die Botschaft des Christentums verfälschten und überhaupt korrupt seien. Die Frage der höchsten Macht, der *plenitudo potestatis,* hat er allerdings nicht gestellt, weder um sie dem Papst zuzusprechen wie Aegidius noch um sie zu bestreiten wie Marsilius und Dante.

Die Literatur zu Roger Bacon bezieht sich seit jeher zumeist auf Teile seines Werkes, und die Autoren von Büchern und Aufsätzen konzentrieren sich auf isolierte Aspekte. Es existieren zum Teil gründliche und erhellende Studien zur Naturphilosophie, besonders zur Optik, zur Wissenschaftstheorie, zu Alchemie und Astronomie sowie zu den medizinischen Vorstellungen Bacons.[6] Die

tion, Relation and Induction: Three Essays in the History of Thought, Madison/Milwaukee, 1965, S. 121-153.

6 Im Vordergrund stand lange die Beschäftigung mit Bacons Stellung zu Alchemie und Magie. Prägend war hier: L. Thorndike, *History of Magic and Experimental Science*, New York 1923. Der aktuelle Stand hierzu ist

Frage aber, worin das geistige Band der vielfältigen und scheinbar unverbundenen Leistungen des schon zu Lebzeiten *Doctor mirabilis* genannten Gelehrten bestehe, ist bis heute noch gar nicht ernsthaft untersucht worden. Es kommt also darauf an, das leitende Interesse zu verfolgen, aus dem Bacon sich unter vielem anderen mit hebräischer Grammatik, mit der Reform des Kalenders, mit dem Strahlengang bei Brennspiegeln, mit der Verzögerung der Symptome des Alterns, mit dem Stein der Weisen und mit dem metaphysischen Problem des Entstehens und Vergehens beschäftigt hat. Sein geistiger Kosmos erschließt sich nur, wenn die Einzelheiten seines Œuvres aus dem immanenten Ziel verständlich werden, auf das sie hingeordnet sind. Es wird sich zeigen, daß das Denken Roger Bacons nicht einem strukturlosen Wirrkopf entsprungen ist, sondern vielmehr einer Konzeption folgt, die sich nachträglich in vieler Hinsicht sehr modern ausnimmt. Deren Grundgedanken sind aber sehr traditionell, in manchem weit konservativer als die des Thomas von Aquin oder des Duns Scotus. In diesem Widerspruch zwischen einer traditionellen Grundposition und keineswegs zufälligen Antizipationen artikuliert sich die Stellung des Baconschen Denkens zur Welt.

So sehr er die Wissenschaft und zugleich den moralischen Zustand der Menschheit insgesamt auf eine neue Grundlage stellen wollte, so ist Roger Bacon doch durchaus nicht in allem ein kühner Neuerer. Vieles hat er vielmehr von der griechischen und der arabischen Wissenschaft übernommen, deren Quellen im 12. und 13. Jahrhundert im christlichen Westen erschlossen worden waren. Dennoch führen auch die in neueren philosophiehistorischen Arbeiten erbrachten Nachweise seiner Abhängigkeit von verschiedenen Traditionen nicht auf den objektiven Kern des Baconschen

referiert in: W. Newman, *An Overview of Roger Bacon's Alchemy*, in: J. Hackett (Hrsg.), *Roger Bacon and the Sciences*, Leiden 1997, S. 317-336. Die Wissenschaftstheorie wurde eingehend untersucht in den Aufsätzen von Hackett: *Roger Bacon and the Classification of Sciences*, und: *Roger Bacon on Scientia Experimentalis*, in: ders., op. cit., S. 49-64. In den letzten Jahren richtete sich das Interesse besonders auf Bacons Beiträge zur Sprachtheorie. Cf. für viele Th.S. Maloney, *The Semiotics of Roger Bacon*, in: *Medieval Studies* 45 (1983), S. 120-154.

Werkes. Die zahllosen platonisch-neuplatonischen, aristotelischen, stoischen, augustinischen und nicht zuletzt arabischen Motive sind zu einer neuen Synthese gebracht, deren Bedeutung sich freilich den Zeitgenossen nicht erschlossen hat und die von der spärlichen Rezeption in der Nachwelt durch kurzsichtige Reduktionen immer wieder verdunkelt wurde.

Am besten wird Roger Bacon jener Teil der neueren Literatur gerecht, der seine Wissenschaftslehre unter leitenden Gesichtspunkten betrachtet, wie es zuerst David Lindberg und später differenzierter Jeremiah Hackett getan haben.[7] Bei Lindberg wird die zentrale Rolle herausgearbeitet, die der Optik im Werke Bacons zukommt, während Hackett Bacon unter mehreren anderen Aspekten untersucht, die einen Zusammenhang erkennen lassen. Wenngleich die *Perspectiva* durchaus nicht Bacons einzige und alles beherrschende Leistung darstellt, bietet sie doch einen Anhaltspunkt für die Stellung, die Bacon in der philosophischen und theologischen Tradition einnimmt. Wie zu zeigen sein wird, spielt die Lehre vom Licht und vom Sehen von jeher eine wesentliche Rolle in der Kosmologie. Deren mythische Anfänge im biblischen Schöpfungsbericht weisen der Scheidung von Licht und Finsternis die Bedeutung des Ursprungs aller bestimmten Naturerscheinungen zu, und der Gesichtssinn hat von jeher den höchsten Rang unter den Sinnen inne, liefert er doch das Bild der Dinge, an das sich die begriffliche Erkenntnis anschließt. Bei Bacon wird aus der Optik geradezu das Modell der Metaphysik, nach der er mit Aristoteles das Seiende in seinen allgemeinsten Bestimmungen zu begreifen sucht. Zugleich meint er, hiermit den Schlüssel zur Physik als Lehre von der Bewegung und vom Entstehen und Vergehen in Händen zu haben und die Kausalität der Natur konstruieren zu können. Die theologische Metaphorik, nach der das Licht mit dem Geist eines ist, erlaubt ihm die Verbindung mit der auch für ihn höchsten Wissenschaft. Die Physik ist also für die Theologie von großer Nütz-

7 Hier sind besonders zu nennen D. Lindberg, *Roger Bacon's Philosophy of Nature, Introduction*, Oxford 1983 und ders., *Studies in the History of Medieval Optics*, London 1983 und die Beiträge von J Hackett in dem von ihm herausgegebenen Sammelband *Roger Bacon and the Sciences. Commemorative Essays*, Leiden 1997.

lichkeit, denn sie erkennt mit experimentellen und mathematischen Methoden die Wirkungen der göttlichen Weisheit in der Natur. Die Entstehung der Dinge aus ihrem göttlichen Ursprung war der oberste Punkt, an dem seine Naturwissenschaft hing. Damit befand er sich in Übereinstimmung mit jener Auffassung, die seit Cassiodor die abendländische Wissenschaft bestimmt hat. Die Wissenschaften der sieben freien Künste waren hiernach, recht verstanden, gar nicht wirklich weltlich, sondern der Erkenntnis Gottes in der Regelmäßigkeit seiner Werke gewidmet.[8]

In Bacons Epoche befand sich dieses Wissenschaftsverständnis unübersehbar in einem Umbruch. Bei aller traditionellen Begründung von Grammatik, Astronomie und Medizin hat er deren Nützlichkeit *(utilitas)* für die Gestaltung des diesseitigen Lebens nachdrücklich herausgestellt. Darin besteht in der Tat eine Neuerung, zu der sich die Wissenschaft seiner Zeit sonst erst zögernd verstand. Das traditionelle kontemplative Verhältnis der Wissenschaft zur Natur wandelt sich in ein produktives, das den materiellen Lebensprozeß der Menschen durch Entdeckungen und nützliche Erfindungen umzugestalten beginnt. Das lebenspraktisch Brauchbare und Zweckdienliche wird theoretisch interessant, nachdem der Bereich der Arbeit außer seiner asketischen Bedeutung in Philosophie und Theologie seit der Antike sehr gering geschätzt worden war.[9]

8 Cf. Cassiodor,*Einführung in die geistlichen und weltlichen Wissenschaften (Institutiones divinarum et saecularium scientiarum)*, Freiburg 2003, S. 291-299. In der kurzen Einleitung zur Behandlung der weltlichen Wissenschaften setzt Cassiodor sie mit der biblischen Zahlensymbolik in Zusammenhang, um die Göttlichkeit ihrer Gegenstände zu verdeutlichen.

9 Geradezu programmatisch für die Epoche sprechen die Konstitutionen von Melfi Friedrichs II. vom Weltgerüst als einer *machina mundi*, deren Kräfte die Menschen als Ebenbilder Gottes nutzen sollten. Cf. W. Stürner (Hrsg.), Die Konstitutionen Friedrichs II. für das Königreich Sizilien, Hannover 1996, S. 145f. Roger Bacon dürfte von Vorstellungen über das Perpetuum mobile angeregt worden sein, wie sie etwa der Architekt Villard de Honnecourt um 1230 zeichnerisch entworfen hat. Im kleinen soll dort die unaufhörliche Kreisbewegung wiederholt werden, die im Universum im großen vor sich geht.

Für die Einstellung zur Arbeit war im frühen Mittelalter die Lehrmeinung des Augustinus maßgeblich. Die Menschheit befindet sich nach dem Sündenfall auf einem mühsamen Pilgerweg, der durch die Widrigkeiten und Versuchungen des irdischen Daseins für die Standhaften und Erwählten zur Erlösung führen soll. Hierbei muß sie für ihren Lebensunterhalt arbeiten, aber der Endzweck, die erlösende Rückkehr zu Gott, verbietet, daß sich die Menschen allzusehr an die weltlichen Güter klammern.[10]

Diese Überzeugung von der *vanitas mundi* hat sich mit dem Aufschwung der Städte seit dem 11. und 12. Jahrhundert erheblich modifiziert. Die Formen der Vergesellschaftung, die sich in der Stadt entwickelten, beeinflußten auch die Vorstellungen von dem, was für die Menschheit zu erhoffen war. Nicht in der immergleichen Plage der körperlichen Arbeit und im Verzehr ihres frugalen Ergebnisses sollte der Weg der Bewährung bestehen, nach dem die Menschen sich der Erlösung würdig erweisen sollten. Vielmehr zeigt sich das Streben nach einem irdischen Fortschritt, der die Gottesebenbildlichkeit des Menschen besonders realisieren sollte: Die Menschen sollten im Kleinen und unvollkommen die Schöpferkraft Gottes widerspiegeln, indem sie ihre Lebensverhältnisse durch neue Erfindungen verbesserten.

Der Baconsche Gedanke der *utilitas* verweist jedoch über das empirisch Nützliche weit hinaus auf die objektive Teleologie der

10 Augustinus hat dies in seinem großen Werk *De civitate dei* ausgesprochen und damit das asketische Ideal des frühmittelalterlichen Christentums formuliert: „*Domus autem hominum ex fide viventium, expectat ea quae in futurum aeterna promissa sunt, terrenisque rebus ac temporalibus tanquam peregrina utitur, non quibus capiatur et avertatur quo tendit in Deum, sed quibus sustentetur ad facilius toleranda minimeque augenda onera corporis corruptibilis, quod aggravat animam*“ Buch XIX, Kap 17. („Eine Hausgemeinschaft aber von solchen, die aus dem Glauben leben, erwartet die ewigen Güter, die für die Zukunft verheißen sind, und gebraucht die irdischen und zeitlichen Dinge nur wie ein Gast, läßt sich von ihnen nicht fangen und vom Wege zu Gott abbringen, sondern stärkt sich durch sie, die Last des vergänglichen Leibes, der die Seele beschwert, leichter zu ertragen und so wenig wie möglich zu vermehren.“ *Vom Gottesstaat*, übers. v. W. Thimme, Bd. II, München 1978, S. 560f.)

geschaffenen Welt, die letzthin in allen ihren Bewegungen zum göttlichen Ursprung als ihrem Ziel zurückstrebt. Die Naturwissenschaft ist demnach ganz traditionell in der Metaphysik und diese in der Theologie fundiert, auch wenn sie eine technische Nutzung *hic in terra* ermöglichen soll. Will man also Roger Bacon begreifen, so wird man die vielen Facetten seines Œuvres in ihren Beziehungen zu den metaphysischen Grundgedanken betrachten müssen. Diese Linien sind nicht immer offensichtlich und von Bacon selbst nicht deutlich gezogen; ihre Darstellung verlangt eine eigenständige philosophische Auswertung der Originalquellen, die bis heute noch nicht wirklich rezipiert und diskutiert worden sind.

Die beste Voraussetzung hierzu, eine vollständige und zuverlässige Werkausgabe, ist immer noch ein Desiderat. Die seit der Mitte des 19. Jahrhunderts erschienenen Teilausgaben ermöglichen jedoch einen guten Überblick. Wer die verfügbaren Texte lesen will, ist im wesentlichen immer noch auf drei Ausgaben verwiesen. *Opus tertium* und *Opus minus* sind mit dem *Compendium studii philosophiae* und der *Epistola de secretis operibus artis et naturae et de nullitate magiae* in der von J.S. Brewer besorgten, 1859 erschienenen und 1965 nachgedruckten Ausgabe enthalten. Das *Opus maius* ist in der zuerst 1900 veröffentlichten (Nachdruck 1964), sehr fehlerhaften Ausgabe von J.H. Bridges zu studieren. Vor allem ist der siebente Teil über die *moralis philosophia* unvollständig, deren fünfter und sechster Abschnitt nur in dem erst 1919 von A. Pelzer entdeckten Manuskript Vat. lat. 4295 enthalten sind. Teile aus dem Text von Bridges haben inzwischen kritische Neuausgaben erfahren, so die Traktate *De multiplicatione specierum* und *De speculis comburentibus*, die von Lindberg 1983 ediert und ins Englische übersetzt wurden. Außerdem erfuhr der siebente und letzte Teil des *Opus maius*, die *Moralis philosophia*, 1953 eine neue und vollständige Edition durch F. Delorme und E. Massa. Die dritte Quelle Baconscher Schriften ist die große Sammlung der von R. Steele und F. Delorme 1905-1940 herausgegebenen *Opera hactenus inedita*, die sowohl die frühen *Quaestiones* über Metaphysik und Physik wie die logischen und sprachtheoretischen Schriften enthält. Besonders wichtig aber sind die *Communia naturalium*, in denen Bacon seine naturwissenschaftlichen Theorien metaphysisch begründet.

Übersetzungen in moderne Sprachen gibt es außer von den erwähnten Schriften nur von wenigen Bruchstücken, wenn man die in vielem unzureichende englische Version des *Opus maius* von R. Belle Burke, erschienen 1928, ausnimmt. Ins Deutsche wurde erst im Jahre 2008 von Pia A. Antolic-Piper eine Auswahl aus dem siebenten moralphilosophischen Teil des *Opus maius* übersetzt und veröffentlicht. Weitere moderne deutsche Übersetzungen existieren nicht.

Die zerfahrene Editionslage spiegelt die seit jeher verzerrte und zersplitterte Rezeption wider. Im 13. Jahrhundert ist Bacon von anderen Autoren nicht zitiert worden, und auch indirekte Spuren lassen sich kaum finden. Das heißt nicht, daß er überhaupt nicht gelesen wurde, denn schon im frühen 14. Jahrhundert zirkulierten Abschriften einiger seiner Werke, nach denen etwa der Rechtsgelehrte Pierre Dubois (ca. 1255–ca. 1321) und der Kanzler der Universität Paris und Konziliarist Pierre d'Ailly (1350–1420) ihn zitieren. Pierre Dubois, der seine Vorstellung von der *utilitas mathematicae* aufnimmt, hat wie Bacon eine Reform der Bildung gefordert und von einem dauerhaften Frieden in einem staatlich vereinigten Europa gesprochen[11]; d'Aillys vielfältige Interessen bezogen sich auch auf die Naturwissenschaft, wo er von Bacon beeinflußt ist; freilich nennt er seinen Namen nicht.

In dieser Zeit verbreiteten sich aber auch zahlreiche unechte, Bacon untergeschobene Werke, die seinen Ruf nachhaltig bestimmten: Schriften über okkulte Gegenstände, Astrologie, Magie und schwarze Kunst. Sein Werk wird in Auszügen plagiiert und, mit abenteuerlichen Traktaten aus trüben Quellen gemischt, als sein Geheimwissen tradiert. In der Renaissance war Bacon, wenn auch mit diesen Verfälschungen, durchaus präsent. So zitiert ihn unter anderen Pico della Mirandola (1469–1533) teils fasziniert, teils verurteilend, als einen Astrologen und Magier.[12] In der unmittelbaren Vorgeschichte der modernen Naturwissenschaft hatten neben den seriösen Quellen des Altertums die hermetischen

[11] Cf. Pierre Dubois, *De recuperatione terre sancte*, hrsg. v. Ch.-V. Langlois, Paris 1891, S. 65 und 68f.

[12] Cf. Pico della Mirandola, *De hominis dignitate – Über die Würde des Menschen*, hrsg. v. A Buck, Hamburg 1990, S. 54f.

Schriften, deren Tradition sich aus dem Hellenismus bis in die frühe Neuzeit zieht, unter den Gelehrten, die sich von der Universität in die privaten Naturalienkabinette zurückzogen, große Konjunktur. In der Geschichte vom Doctor Faustus ist dieser Gelehrtentyp von Marlowe bis Goethe in die Weltliteratur eingegangen. Bacons Werk wurde im selben Zusammenhang interessant, schien es doch an der untergründigen Überlieferung lange unterdrückten Geheimwissens zu partizipieren. Diese Legendenbildung, die sich bis in die Gegenwart ausgewirkt hat, setzte im 17. Jahrhundert nochmals verstärkt ein. Besonders in England entstanden zu dieser Zeit immer farbigere Literaturerzeugnisse, die Bacon geradezu als einen wundertätigen Nationalhelden darstellen, der unter anderem einen Kopf aus Messing konstruiert habe, der sprechen und jede Frage beantworten konnte. Dieser Kopf sollte den Plan entwickeln, eine Wand aus Messing um England zu bauen, um das Land gegen eine Invasion zu schützen.[13] Spätere Versionen dieser phantastischen Geschichte wollen, daß Bacon von Reue über die teuflischen Seiten der Magie ergriffen wurde, seine einschlägigen Bücher verbrannt und sich nur noch der Theologie gewidmet habe. Zur Selbstbestrafung habe er mit den Fingernägeln sein eigenes Grab gegraben.[14] Es ist daher nicht verwunderlich, daß von Bacons authentischen Werken im 17. Jahrhundert nur immer wieder die *Epistola de secretis operibus artis et naturae et de nullitate magiae* und *De retardatione accidentium senectutis* neu aufgelegt wurden. Die vehemente Verurteilung der Magie in der ersteren Schrift hatte man offenbar nicht beachtet. Gleichwohl entstanden in dieser Zeit im Kreise der 1660 gegründeten Royal Society auch die ersten seriösen Editionsprojekte, die aber nicht zur Ausführung kamen.

Erst im 19. Jahrhundert begann eine Rezeption der genuinen Texte und ihres Gehaltes. Alexander von Humboldt interessierte sich für die geographischen Untersuchungen Bacons.[15] Victor

[13] Cf. hierzu und zum Wandel des Baconbildes, besonders in England, die eingehende Studie von A. Power, *A Mirror for Every Age: The Reputation of Roger Bacon*, in: *The English Historical Review*, Bd CXXI (2006), S. 657-692.

[14] Cf. l.c., S. 663.

[15] Cf. A. v. Humboldt, *Examen critique de l'histoire de la géographie du*

Cousin entdeckte um 1848 den Text des *Opus tertium;* wenige Jahre später, 1859, erschien das Werk zusammen mit dem *Opus minus* und dem *Compendium studii philosophiae* in der bis heute maßgeblichen Ausgabe von J.S. Brewer. In der zweiten Jahrhunderthälfte entwickelte sich das Verständnis Bacons als eines Vorläufers der modernen Naturwissenschaft und einer der wenigen Lichtgestalten des sonst finsteren Mittelalters. Um dieser verkannten Person ein Denkmal zu setzen, sind die bis heute gebräuchlichen Ausgaben der Werke Bacons erschienen. J.H. Bridges veröffentlichte 1879-1900 seine Ausgabe des *Opus maius.* In der Einleitung rangiert er Bacon unter die Positivisten ein. Viele Interpreten dieser Periode sind einer solchen Einordnung gefolgt. Robert Steele ließ von 1905 bis 1940 fünfzehn Faszikel mit bis dahin unveröffentlichten Schriften Bacons erscheinen. Diese Unternehmungen waren nicht frei von dem nationalistischen Impuls, Roger Bacon als einen großen, rein englischen Geist zu präsentieren. Der wissenschaftliche und technische Fortschritt des industriellen Zeitalters sollte in England seinen Ursprung und seinen ersten Helden haben.[16]

Die nüchterne philologische und historische Erschließung der Werke Bacons hat deren Autor von der früheren schwärmerischen Überschätzung losgelöst, ließ aber viele Facetten überhaupt erst hervortreten. Bis heute noch nicht abgeschlossen, führte sie im 20. Jahrhundert allerdings zu einer eher spezialistischen Rezeption von Teilen des vielschichtigen Œuvres. Eine philosophische Aufarbeitung des Erbes von Roger Bacon unabhängig von Legenden und Zerrbildern hat noch kaum begonnen.

nouveau continent et des progrès de l'astronomie nautique aux quinzième et seizième siècles, Bd. I, Paris 1836, S. 58-78.

16 Cf. A. Power, op. cit., S. 683-685.

II. Zur Biographie

Die Biographie Roger Bacons hat im Grunde nur die Angaben zur Quelle, die er selbst in seinen Werken macht. Die wenigen weiteren Zeugnisse von Bedeutung betreffen eher die Wirkungs- als die Lebensgeschichte. Alle Bemerkungen, die Bacon über seinen Lebensweg macht, zeigen eine zunächst wenig auffällige Karriere, die viele andere mittelalterliche Gelehrte ähnlich durchlaufen haben. In seinen reiferen Jahren, in denen das ihm Eigentümliche gefestigt war, tritt dem Betrachter ein für seine Zeit überaus unkonventioneller, eigenwilliger Charakter hervor, der sich gegenüber den Üblichkeiten seines Standes viele Freiheiten erlaubt hat. Bacons Leben ist von Konflikten geprägt, die sich aus seiner im Mittelalter sehr ungewöhnlichen geistigen Betätigung ergaben. Wie wenig er sich an die Konventionen des akademischen Bereichs hielt, zeigt sich außer am Inhalt auch an der Form seiner Schriften. Nur die Jugendwerke befolgen das Schema der *Quaestiones disputatae*. Die Werke seiner Reifeperiode sind Traktate mit polemischen Passagen, wie sie in dieser Schärfe in ihrer Zeit ganz unerhört sind, greift Bacon doch viele seiner renommierten Zeitgenossen direkt und unter Nennung ihres Namens heftig an, so Alexander von Hales, Albertus Magnus oder Richard Rufus von Cornwall. Wenn es im 13. Jahrhundert einen mainstream gegeben hat, so schwamm Roger Bacon entschieden gegen den Strom. Ungewöhnlich ist zudem, daß er in vielen seiner Schriften so unmittelbar von sich selbst redet. Seine Biographie verschafft denn auch einen Zugang zu seinem Werk, stellt es in den Kontext seiner Epoche.

Das genaue Geburtsdatum von Roger Bacon ist – wie bei vielen mittelalterlichen Autoren – nicht genau bekannt. Er wurde nach der einen Version (Easton und Hackett) 1214, nach der anderen (Lindberg und Crowley) 1220 geboren.[1] Die Differenz geht darauf

1 Cf. S. Easton, *Roger Bacon and his Search for a Universal Science*, S. 10. und J. Hackett, *Roger Bacon, his Life, Carreer and Works*, in: J. Hackett (Hrsg.), *Roger Bacon and the Sciences*, Leiden 1997, S. 9-11 sowie Th. Crowley, *Roger Bacon. The Problem of the Soul in his Philosophical Commentraries*, Louvain, Dublin 1950, S. 18 und D. Lindberg, *Roger Bacon's Philosophy of Nature*, Oxford 1983, S. XV f.

zurück, daß Bacon in seinem um 1267 geschriebenen *Opus tertium* angibt, vierzig Jahre wissenschaftlich gearbeitet zu haben, „seit ich das Alphabet gelernt habe".[2] Ist diese Bemerkung wörtlich gemeint, dann ergibt sich das spätere Geburtsjahr, ist sie aber im übertragenen Sinne des Erwerbs der wissenschaftlichen Grundbegriffe zu verstehen, dann ist das frühere wahrscheinlich. Seine Familie war wohlhabend, so daß sie Bacon ein Studium, zunächst in Oxford, ermöglichen konnte. Hier begann er die Grundlagen aller im Mittelalter gepflegten Wissenschaften, der *artes liberales*, zu studieren. Die Universität Oxford, eine der ältesten in Europa, hatte die logischen und naturwissenschaftlichen Schriften des Aristoteles in ihrem Lehrprogramm und konnte daran auch festhalten, anders als die Universität Paris, wo besonders die *libri naturales* von der Kirche mehrfach verboten waren.

Lange hat man angenommen, daß Robert Grosseteste (1168-1253) Bacons wichtigster Lehrer gewesen sei. Dies ist jedoch unwahrscheinlich, da Robert die Oxforder Universität bereits 1229 verlassen hat, um Lektor am Oxforder Generalstudium der Franziskaner zu werden, zu einem Zeitpunkt als Bacon noch nicht Mitglied des Ordens war. Möglicherweise hat Bacon Gosseteste, der 1235 Bischof von Lincoln wurde, aber persönlich gekannt. Ein starker literarischer Einfluß, vor allem in Fragen der Optik, ist jedenfalls deutlich zu verzeichnen. Adam Marsh, einen franziskanischen Mitbruder, erwähnt er ebenfalls unter den Personen, die ihn stark beeinflußt haben. Von ihm könnte er in die Theologie eingeführt worden sein.[3]

Über sein Studium äußert sich Bacon im seinem *Opus tertium*, in dem er die Grundlinien seiner Reformvorschläge unterbreitet und auch über sich selbst relativ ausführlich Auskunft gibt. Vierzig Jahre habe er studiert und sei dennoch in der Lage, einem aufmerksamen Menschen in drei bis sechs Monaten seine gesamten Kennt-

[2] Roger Bacon, *Opus tertium*, in: *Opera quaedam hactenus inedita*, hrsg. v. J.S. Brewer, S. 65.

[3] Dafür sprechen Erwähnungen in Bacons *Opus tertium*, S. 75 und 186. Cf. Th. Crowley, op. cit., S. 27 f.

nisse zu übermitteln, wenn er erst das geeignete Lehrbuch geschrieben habe.[4]

Roger Bacon verließ Oxford in einem der Jahre vor 1245 und setzte seine Studien in Paris fort, wo das Verbot des Aristoteles inzwischen gelockert worden war. Als Baccalaureus und später als Magister hat er sich als einer der ersten Lehrer aus der Zeit der Hochscholastik vehement für die Rezeption des Aristoteles eingesetzt, noch ehe Albertus Magnus und Thomas von Aquin die aristotelische Wende vollendeten. Albert und Wilhelm von Auvergne (ca.1180-1249), damals Bischof von Paris, hat er wahrscheinlich persönlich gekannt. In die Vierzigerjahre fallen auch seine ersten Schriften, die einen Niederschlag seiner Lehrtätigkeit darstellen. Es entstehen vor allem die logischen Lehrbücher *Summa grammatica*, die *Sumule dialectices* sowie die *Summa de sophismatibus et distinc-*

4 Roger Bacon, *Opus tertium*, op. cit., S. 65: „*Multum laboravi in scientiis et linguis, et posui jam quadraginta annos postquam didici primo alphabetum ; et fui semper studiosus; et praeter duos annos de istis quadraginta fui semper in studio; et habui expensas multas, sicut alii communiter; et tamen certus sum quod infra quartum anni, aut dimidium anni, ego docerem ore meo hominem sollicitum et confidentem, quicquid scio de potestate scientiarum et linguarum, dummodo composuissem primo quiddam scriptum sub compendio. Et tamen notum est quod nullus in tot scientiis et linguis laboravit, nec tantum ; quia homines mirabantur in alio statu quod vixi propter superfluum laborem.*" (In den Wissenschaften und in den Sprachen habe ich viel gearbeitet, und ich habe schon vierzig Jahre darauf verwendet, seit ich zuerst das Alphabet lernte; und ich war immer fleißig, und außer zweien von diesen vierzig Jahren habe ich immer studiert. Ich hatte viele Ausgaben, wie auch gewöhnlich andere. Dennoch bin ich sicher, daß ich selbst einem regen und ehrgeizigen Menschen in weniger als einem Vierteljahr oder einem halben Jahr alles das beibringen könnte, was immer ich von diesen Wissenschaften und Sprachen weiß, wenn ich nur erst ein Lehrbuch geschrieben habe. Es ist aber bekannt, daß niemand in so vielen Wissenschaften und Sprachen so viel gearbeitet hat. Als ich noch in dem anderen Status [vor Eintritt in den Orden] war, wunderten sich die Menschen, daß ich das Übermaß an Arbeit überhaupt durchhielt.)
In diesem Zusammenhang hält er es auch für möglich, mit entsprechender Aufmerksamkeit in drei Tagen Griechisch oder Hebräisch zu lernen, eine Fähigkeit, die vom Alter unabhängig sei.

tionibus. Außerdem entstammen dieser Lebensperiode die umfangreichen *Questiones super libros Prime Philosophie Aristotelis* sowie *Quaestiones* zur Physik und zu anderen naturwissenschaftlichen Werken des Aristoteles. Auch das damals noch Aristoteles zugeschriebene *Liber des causis* hat Bacon in der literarischen Form der Quaestionen untersucht. Diese Schriften sind, wie bei anderen Autoren der Scholastik, Nachschriften *(reportationes)* von Disputationen und Vorlesungen an der Universität. Sie sind für die Genese seiner Position wichtig, die im Grunde erst in den Sechzigerjahren des 13. Jahrhunderts ganz entwickelt ist.

Nach drei bis fünf Jahren kehrte er nach Oxford zurück und blieb hier, um intensive naturwissenschaftliche Studien zu treiben. Die Legende will, daß er in einem Turm ein Kabinett gehabt habe, in dem er Experimente mit optischen Geräten und chemischen Substanzen angestellt habe.[5] Sicher ist, daß seine Naturphilosophie nicht allein auf theoretischen Überlegungen beruht, sondern zugleich auf empirischer Erfahrung, die er wohl auch in seine Lehre hat einfließen lassen: „*Nam quaesivi amicitiam omnium sapientum inter Latinos, et feci juvenes instrui in linguis, et figuris, et numeris, et tabulis, et instrumentis, et in multis necesariis. Et examinavi omnia quae hic necessaria sunt, et scio qualiter procedendum est, et quibus auxiliis, et quae sunt impedimenta.*“[6] Nach eigener Angabe hat er mehr als zweitausend Pfund für Bücher, Stoffe und Instrumente ausgegeben.[7] Möglicherweise hat ihn diese für seine Zeit sehr große Summe finanziell ruiniert.

Ob ihn etwa die Hoffnung auf Unterstützung seiner Arbeit für seinen Eintritt in den Franziskanerorden um 1257 bewogen hat, ist nicht bekannt, auch nicht, an welchem Ort er die Gelübde abgelegt hat. Eine besondere Neigung zum Armutsideal des Ordens ist nicht

[5] Cf. etwa H. Bauer, *Der wunderbare Mönch*, Leipzig 1963, S. 127f.

[6] Roger Bacon, op.cit., S. 58f. (Ich suchte die Freundschaft aller Weisen unter den Lateinern und unterrichtete die jungen Leute in den Sprachen, den geometrischen Figuren, Zahlen, Tabellen, Instrumenten und in vielen anderen notwendigen Dingen. Ich prüfte alles, was hierzu nötig ist und weiß, wie und mit welchen Hilfsmitteln vorzugehen ist und welches die Hindernisse sind.)

[7] op. cit., S 59.

erkennbar. An verschiedenen Stellen seines Werkes zeigt sich indessen eine Nähe zu den eschatologischen Vorstellungen des Joachim von Fiore, die im Franziskanerorden am Anfang seiner Geschichte verbreitet waren, zur Zeit von Bacon aber von den Oberen, namentlich von Bonaventura, bekämpft wurden. Verschiedentlich spricht er vom nahenden Zeitalter des Antichrist, dessen Kommen er für sicher hält. Unverkennbar ist auch, daß Bacons eigene Vorstellungen von einer erneuerten Kirche und ihrer Geistlichkeit von der joachitischen Idee des Reiches des Geistes trotz entscheidender Differenzen beeinflußt sind. Die Zeit, so schreibt er an verschiedenen Stellen, ist reif für einen Umbruch, der von geistlicher und weltlicher Gewalt gemeinsam bewirkt werden sollte: „*Sic diu cum multis modis et temporibus diversis Deus corripuit et correxit ecclesiam suam. Sed nunc quia completa est malitia hominum, oportet quod per optimum Papam, et per optimum principem, tanquam gladio materiali conjuncto gladio spirituali purgetur ecclesia ; aut per Antichristum, vel per aliquam tribulationem, ut per discordiam principum Christianorum seu per Tartaros et Saracenos, et caeteros reges Orientis, secundum quod diversae Scripturae sonant, et variae prophetiae. Non enim est dubitatio aliqua apud sapientes, quin purganda sit cito ecclesia.*“[8]

Sicher ist, daß Bacon im Jahre 1257 wieder in Paris war und dort etwa zwanzig Jahre blieb. Es war dies eine lange Periode der Konflikte mit seinem Orden. Seine Oberen hätten ihn zeitweilig unter Arrest gestellt, ihm die Bücher fortgenommen und mit einem

8 Roger Bacon, *Compendium studii philosophiae*, in: J.S. Brewer (Hrsg.), *Opera quaedam hactenus inedita*, S. 402f. (So hat Gott schon auf vielfältige Weise und zu verschiedenen Zeiten seine Kirche ergriffen und zurechgewiesen. Aber jetzt, wo die Bosheit der Menschen vollendet ist, muß sie durch den besten Papst und den besten Fürsten mit dem materiellen und mit dem geistlichen Schwert gleichermaßen gesäubert werden. Sonst geschieht dies durch den Antichrist oder eine andere Bedrängnis wie die Zwietracht der christlichen Fürsten oder durch die Tataren und die Sarazenen und andere orientalische Könige, von denen verschiedene Schriften und Propheten reden. Es kann nämlich kein Zweifel bei den Weisen sein, daß die Kirche rasch gesäubert werden muß.)

Schreibverbot belegt, weil sie verhindern wollten, daß seine Schriften außerhalb des Konvents bekannt würden.[9] Ob diese Maßnahmen tatsächlich ergriffen wurden, ist aus anderen Quellen nicht zu bestätigen. Sicher ist nur, daß es nach einer Weisung des damaligen Ordensgenerals Bonaventura den Mönchen verboten war, direkt mit der Kurie und dem Papst Kontakt aufzunehmen und sich schriftlich dorthin zu wenden.[10]

Eben dies hat Roger Bacon getan, und das hat einen wesentlichen Teil seiner Reputation als philosophischer Autor begründet. Er hatte inzwischen umfassende Überlegungen zur Reform der wissenschaftlichen Ausbildung, besonders der Theologen, an den Universitäten entwickelt, in denen auch der praktische Sinn seiner wissenschaftstheoretischen Entwürfe liegt. Etwa 1264 wandte sich Roger Bacon an den damaligen Kardinal Guy le Gros de Foulque, um die Unterstützung der Kirche für seine wissenschaftlichen Projekte und Reformvorhaben zu erlangen. Kurz darauf wurde der Kardinal

9 Cf. Roger Bacon, *Opus tertium*, S. 15. In diesem Zusammenhang beklagt Bacon auch besonders den Mangel an Geld, das er für seine Arbeiten benötige. Da der Papst nicht zu seinen Gunsten eingegriffen habe, sei ihm disziplinarisch und finanziell eine schwierige Situation entstanden, denn er habe Schreibmaterial und Schreiber bezahlen müssen, um dem päpstlichen Wunsch nach einem kalligraphisch geschriebenen Traktat *(scriptum de bona littera)* zu entsprechen. Deutlich wird auch Bacons Enttäuschung über das Ausbleiben materieller Unterstützung. „*Caeterum aliud genus impedimenti recepi, quod sufficit ad subversionem totius negotii, et fuit defectus expensarum. Nam oportuit plus quam sexaginta libras Parisienses effundi pro hoc negotio. [...] Non miror vero si non cogitastis de expensis his, quia sedentes in culmine mundi habetis de tot et tantis cogitare, quod nullus potest mentis vestrae sollicitudines aestimare.*“ (*Opus tertium,* S. 15f. Im Übrigen erfuhr ich noch eine andere Art von Hemmnis, die geeignet ist, das ganze Unternehmen zu vereiteln, das war der Mangel an Geldmitteln. Ich mußte nämlich für dieses Unternehmen mehr als sechzig Pariser Pfund ausgeben [...] Ich wundere mich aber nicht, daß Ihr nicht an diese Kosten gedacht habt, denn Ihr sitzt an der Spitze der Welt und habt über so viele und große Dinge nachzudenken, daß niemand Eure Sorgen ermessen kann.)

10 Cf. Cf. St. Easton, *Roger Bacon and his Search for a Universal Science*, Oxford 1952, S. 141-143.

zum Papst gewählt und nannte sich Clemens IV. Er war den Baconschen Plänen gegenüber sehr aufgeschlossen und forderte den Autor auf, ihm seine Vorstellungen ausführlicher zu entwickeln. Er nahm an, das entsprechende Werk sei bereits geschrieben, aber Bacon war durch ein ordensinternes Publikationsverbot an der Niederschrift gehindert. Weiterhin erschwerend war, daß Bacon als Ordensmann kein Geld besitzen durfte, um Schreiber und Schreibmaterial zu bezahlen. Von seinem ursprünglich reichen Bruder konnte er auch nichts erhalten. Dem Papst teilt er deshalb seine Notlage mit, um ihn – erfolglos – um Unterstützung zu veranlassen: „*Ego vero nec pecuniam habeo, ut scitis, nec possum habere, nec per consequens mutuari, cum non habeam quid reddam. Misi igitur fratri meo diviti in terra mea, qui ex parte regis consistens, cum matre mea, et fratribus, et tota familia exulavit, et pluries hostibus deprehensus se redemit pecunia; et ideo destructus, depauperatus, ne potuit me juvare.*“[11] In großer Eile entstanden in der Folge Bacons drei bekannteste Schriften, Das *Opus maius*, das *Opus minus* und als nachträgliche Präzision das *Opus tertium*. Ob der Papst diese Bücher, womöglich zusammen mit noch anderen Schriften, überhaupt erhalten und gelesen hat, ist nicht nachzuweisen, denn Clemens IV. starb bereits 1268, wenige Monate nachdem die Schriften vermutlich abgeschickt wurden.[12]

[11] Roger Bacon, *Opus tertium,* S. 16. (Wie Ihr wißt, habe wirklich kein Geld noch kann ich welches haben und kann folglich auch keines leihen, denn ich habe nichts, womit ich es zurückzahlen könnte. Ich wandte mich also an meinen reichen Bruder in meiner Heimat, der aber der Partei des Königs zugehörte und mit meiner Mutter, meinen Brüdern und der ganzen Familie verbannt und mehrfach von den Feinden verhaftet war und sich mit Geld freigekauft hat. Vernichtet und verarmt, konnte er mir nicht helfen.)
Im Krieg der Barone in England (1263–1267) stand Roger Bacons Familie auf der Seite des Königs Heinrich III., die zeitweilig unterlegen war und deren Parteigänger, so auch die Familie Bacons, verhaftet und enteignet wurden.

[12] Cf. St. Easton, op. cit., S. 144-166. Einzelheiten über die Entstehungsgeschichte der drei Werke für den Papst finden sich bei E. Massa, *Roger Bacons Werke für den Papst Clemens IV. Textkritische Untersuchungen zur Entstehungsgeschichte von* Opus maius, Opus minus *und* Opus ter-

Nach dieser Enttäuschung hat Roger Bacon gegen den Widerstand seines Ordens weitere Werke geschrieben, die seine philosophische Position sehr deutlich zum Ausdruck bringen. Zu nennen sind hier vor allem die in den Siebzigerjahren entstandenen *Communia naturalium* und die *Communia mathematica*, Schriften, die wesentliche Elemente seiner teils durch eigene Experimente gewonnenen naturphilosophischen Theorien enthalten. Nach dem Bericht XXIV der Chronik des Franziskanerordens wurde Bacon 1277–1279 von dem Generalminister Hieronymus von Ascoli wegen *novitates suspectas* unter Hausarrest gestellt und seine Bücher für den Orden verboten.[13] Wahrscheinlich waren die Schriften über Alchemie, Astronomie und *scientia experimentalis* verdächtig, die Bacon ja selbst in eine enge Beziehung zur Theologie gestellt hatte. Alchemie, Astronomie und Astrologie, erschienen manchen einflußreichen Personen als magisches Teufelswerk.[14] Die Vermutung hat einiges für sich, daß Bonaventura einige Partien seiner *Collationes in Hexaëmeron* polemisch gegen Bacon gerichtet hat. Obwohl er seinen Namen nicht nennt, paßt doch die Charakteristik der *curiositas,* die Bonaventura für einige zeitgenössische Philosophen zeichnet, recht gut auf Bacon. Wissenschaft, die auf das Diesseitige als solches sich richtet, verfehlt nach Bonaventura ihren wahren Zweck. Bacons Beschäftigung mit den materiellen Erscheinungen der Natur war in diesem Sinne verdächtig.[15]

tium, in: F. Uhl (Hrsg.), *Roger Bacon in der Diskussion,* Bd. II, Frankfurt 2003, S. 13-100.

13 Cf. *Analecta Franciscana III* (1897), S. 360. Die Gefangenschaft Bacons ist von manchen Historikern bezweifelt oder relativiert worden. Daß er aber wegen der Heftigkeit seiner Polemiken, auch gegen damals angesehene Zeitgenossen, viele Feinde hatte, ist einsichtig, reicht aber als Grund für eine Inhaftierung nicht aus. Es dürften mehrere Faktoren dazu beigetragen haben, so möglicherweise auch die Pariser Verurteilung heterodoxer Lehrmeinungen von 1277. Cf. zu diesem Punkt S. Easton, op. cit., S. 192-201.

14 Cf. hierzu J. Hackett, *Roger Bacon: His Life, Carreer and Works* in: Hackett, op. cit., S. 19.

15 Cf. C. Bérubé, *Der „Dialog" S. Bonaventura – Roger Bacon,* in F. Uhl (Hrsg.), *Roger Bacon in der Diskussion*, Bd. I, Frankfurt 2001, S. 67-136.

Roger Bacon ist nach 1278 nach Oxford zurückgekehrt und ist dort wahrscheinlich bis zu seinem Tode im Jahre 1292 geblieben. In dieser Zeit schrieb er eine Einleitung und Anmerkungen zu der fälschlich dem Aristoteles zugeschriebenen Schrift *Secretum secretorum*, die er auch ediert hat. Dieses Werk, eigentlich eine Art Fürstenspiegel, hat er sehr geschätzt, belegte es doch deutlich die Beziehung des vermeintlichen Autors zur Alchemie. In seinem letzten Lebensjahr verfaßte er noch eine Schrift, in der er abermals zu einer Reform des Theologiestudiums mahnt, das *Compendium studii theologiae*. Das unvollendet gebliebene Buch enthält zudem eine Semiotik, die in manchem auf die Zeichentheorie Wilhelms von Ockham vorausweist.

III. Metaphysische Grundideen

Roger Bacon hat seine wissenschaftliche Entwicklung mit den Lehren des Aristoteles begonnen, die er – wie viele Gelehrte seiner Generation um die Mitte des 13. Jahrhunderts – als neue Elemente der Bildung studierte und kommentierte. Nachdem die *Metaphysik* und die naturwissenschaftlichen Werke des Aristoteles mit den Kommentaren des Averroes und anderen wissenschaftlichen Schriften des islamischen Kulturkreises dem lateinischen Westen durch Übersetzungen bekannt geworden waren, stellten die hierin entwickelten Lehren für das christliche Denken eine epochale Herausforderung dar, widersprach doch vieles den seit Jahrhunderten etablierten metaphysischen und vor allem theologischen Überzeugungen.

Bis tief ins 12. Jahrhundert herrschte eine neuplatonische Grundorientierung, deren Aporien seit dieser Zeit sich immer deutlicher herausstellten. Die folgende Umwälzung betraf das gesamte Weltverständnis ebenso wie die mit ihm verbundenen Fragen. [1] Wie der Hervorgang des vielfältigen konkreten Seienden aus seinem Ursprung zu denken sei, ob und wie das real Seiende zusammengesetzt sei, unter welchen Bedingungen der Prozeß seines Entstehens und Vergehens stehe, war nach aristotelischen Prämissen ganz anders zu beantworten als nach der bis dahin herkömmlichen Metaphysik. Zudem war die Frage offen, ob die Welt ungeworden und ewig und die in ihr stattfindenden Bewegungen und Veränderungen periodisch wiederkehrend oder einmalig und dennoch gesetzmäßig sind.

Liegt direkt oder vermittelt Platons *Timaios* der Naturphilosophie zugrunde oder die *Physik* des Aristoteles, so ergeben sich jeweils ganz andere Konsequenzen. Nach der Konzeption Platons ist die Welt durch die Güte ihres Schöpfers entstanden. Dies ist geradezu der erste Gedanke, von dem eine Betrachtung der Natur auszugehen hat. Die Welt ist geworden und wurde von ihrem Schöpfer als Abbild ihres göttlichen Paradeigmas zur sinnlichen Erscheinung gebracht. „Der ganze Himmel aber [...], von ihm müssen wir zuerst

1 Cf. G. Mensching, *Das Allgemeine und das Besondere. Der Ursprung des modernen Denkens im Mittelalter*, Stuttgart 1992, S. 190-242.

erwägen, was es am Anfang bei jedem zu erwägen gilt, ob er stets war und keinen Anfang seines Entstehens hat oder ob er, von einem Anfang ausgehend, geworden ist. Er ist geworden; denn er ist sichtbar und betastbar und im Besitz eines Körpers. [...] Das aber zugrunde gelegt, ist es ferner durchaus notwendig, daß diese Welt von etwas ein Abbild sei. Das Wichtigste aber ist, bei allem von einem naturgemäßen Anfang auszugehen."[2]

Dieser Gedanke wurde von Plotin, dem Begründer des Neuplatonismus, übernommen und bei der Vereinigung des christlichen Glaubens mit der griechischen Philosophie zu einer der Grunddogmen der Theologie, Es leitete sich hieraus eine Schöpfungslehre ab, die auch im jüdischen und islamischen Kulturkreis Geltung hatte. Der Neuplatonismus hatte der Spekulation des *Timaios* die Lehre von der Emanation hinzugefügt, nach der das absolut eine göttliche Sein die Verschiedenheit (έτερότης) der geschaffenen Dinge durch Überfließen (ύπερπλῆρες) aus sich entläßt.[3] Nach dieser Vorstellung war die Welt eine hierarchische Ordnung von Substanzen, deren Rang sich nach ihrer Nähe zum Urprinzip bestimmte. Alles Geschaffene aber strebt in diesem System zu seinem Ursprung zurück. Die religiösen Ideen von Schöpfung, Abfall und Erlösung der Welt ließen sich neuplatonisch interpretieren, was die mittelalterlichen Autoren bis zum 13. Jahrhundert auch getan haben.

Nach der *Physik* des Aristoteles aber ist die Entstehung der Welt undenkbar, weil sie stets Bewegung voraussetzt, die es vor dem absoluten Anfang nicht geben kann: „Es ist aber die Frage, ob je einmal eine Bewegung entstanden sei, welche vorher nicht war, und sie auch wiederum so vergehe, daß nichts bewegt werde, oder ob sie weder entstand noch vergeht, sondern immer war und immer sein wird und ob dieses als ein Unsterbliches und Unaufhörliches für die seienden Dinge vorhanden ist [...]. Daß nun Bewegung existiere, sagen alle, welche über die Natur etwas sprechen, darum, weil sie mit der Entstehung der Welt sich beschäftigen und ihre gesamte Betrachtung das Entstehen und Vergehen betrifft, welches unmög-

2 Platon, *Timaios*, 28b-29b (Übers. v. H. Müller)

3 Plotin, *Enneaden*, 11,2.

lich vorhanden sein kann, wenn keine Bewegung existiert.“[4] Kann demnach nicht sinnvoll nach der Genese der Welt als ganzer gefragt werden, so richtet sich die Untersuchung auf die notwendigen Bestimmungen der immer schon gegebenen Welt. Die empirische Faktizität der sinnlichen Einzeldinge ist hierbei der Ausgangspunkt. Die Prinzipien zu erkennen, die das singuläre Seiende zu dem machen, was es ist, stellt freilich das Ziel der Wissenschaft dar, aber sie sind stets in den Dingen, die sie bestimmen und nicht vor ihnen. Die Aristotelische Lehre von den aus Materie und Form zusammengesetzten Dingen eröffnete die Perspektive einer neuen Naturwissenschaft, die den konstitutiven Elementen und Momenten auf der Spur ist, welche sich in den empirischen Dingen verbinden. Daß die Komponenten der *entia naturalia* durch operative, d.h. experimentelle Methoden festgestellt werden können, ist bei Aristoteles noch nicht formuliert worden, ist aber ein Gedanke, der sich im Verlaufe seiner mittelalterlichen Rezeption entwickelt und der Baconschen *scientia experimentalis* zugrunde liegt.

Die radikale neuplatonische Trennung von überempirisch Geistigem und sinnlich Materiellem, die einem Gegensatz von intelligiblem Allgemeinem und materiellem Einzelding entsprach, stand nach den Auseinandersetzungen um die *res universalis*, um das real existierende Universale, schon im 12. Jahrhundert in Frage. Es war lange und intensiv diskutiert worden, wie die Einzeldinge an den allgemeinen Wesenheiten partizipieren könnten, wie sie also ohne Widerspruch zugleich singulär und allgemein sein, Gattungen und Arten zugehören und doch numerisch je einzeln sein könnten. Die radikal nominalistische Lösung des Problems, wie sie von Roscelin und teilweise von Abaelard vertreten worden war, hatte die allgemeinen Wesensbestimmungen der Dinge zu subjektiven Denkbestimmungen gemacht. Die Vertreter dieser Position mußten freilich in Kauf nehmen, daß ein *flatus vocis*[5] der objektiven Realität des zu erkennenden Wesens nicht entsprechen kann, die Dinge also in

4 Aristoteles, *Physik*, 251a. (Übers. v. K. Prantl)

5 Mit diesem kritisch gemeinten Ausdruck hatte Anselm von Canterbury die Position Roscelins gekennzeichnet. Cf. Anselm von Canterbury, *Epistola de incarnatione verbi*, in *Opera omnia*, hrsg. v. F.S. Schmitt, Bd. I, Rom 1938, S. 285.

ihrem ontologischen Kern unter nominalistischen Prämissen nicht erkennbar wären. Wissenschaft wäre ohne eigentliche Gegenstände und müßte mit der Analyse der für sie eingesetzten Zeichen vorlieb nehmen. Noch aber war die Reduktion der wissenschaftlichen Probleme auf Sprachanalyse nicht erfolgt. Der Nominalismus, der die Allgemeinheit den *signa rerum* vorbehält und die extramentale Realität aus *singularia* bestehen läßt, trat erst zu Beginn des 14. Jahrhunderts wieder auf.

Im Jahrhundert zuvor war die theoretische Intention vorherrschend, den allgemeinen Begriff und die von ihm bezeichnete je individuelle Sache in Übereinstimmung zu bringen. Dies war um 1250 durchaus kein naiver Realismus mehr, sondern eine Theorie, die sich der Aristotelischen Lehre vom Wesen und von den Vermögen der menschlichen Seele bediente, um die Bedingungen realer Naturerkenntnis zu bestimmen. Die metaphysische Theorie von den denknotwendigen Bestimmungen des Seienden als solchen verband sich mit einer Theorie der Reflexion, in der die Beziehung von *essentia* und *res* überhaupt erst zustande kommt. Das Wesen wurde nämlich nicht länger als etwas Dingliches angesehen, das zusammen mit anderen gleichfalls naturalen Komponenten die materiellen Gegenstände ergäbe, sondern als eine Denkbestimmung, die in der Sache gründet. Wahrheit wurde als adäquates Verhältnis von Intellekt und Sache begriffen, das weder rein ontologisch noch bloß subjektiv sein konnte. Klassische Form hat dieser Gedanke bei Thomas von Aquin angenommen. In der ersten seiner *Quaestiones disputatae de veritate*, besonders in den ersten drei Artikeln und in Quaestio 16 des ersten Teils der *Summa theologiae*, werden die reflexiven und nichtreflexiven Momente in eine wechselseitige Relation gesetzt. „*Convenientiam vero entis ad intellectum exprimit hoc nomen verum. Omnis autem cognitio perficitur per assimilationem cognoscentis ad rem cognitam, ita quod assimilatio dicta est causa cognitionis: sicut visus per hoc quod disponitur secundum speciem coloris, cognoscit colorem. Prima ergo comparatio entis ad intellectum est ut ens intellectui concodet: quae quidem concordia adaequatio intellectus et rei dicitur, et in hoc formaliter ratio veri perficitur.*“[6]

6 Thomas von Aquin, *Quaestiones disputatae de veritate*, qu. 1, a.1 c. (Das Übereinstimmen des Seienden mit dem Verstand aber drückt das Wort

Ist Wahrheit also ein Verhältnis, das selbst in den reflektierenden menschlichen Verstand fällt, dann ist die Erkenntnis stets zumindest implizit ein reflexiver Akt. Die sinnliche Wahrnehmung liefert hierzu lediglich das Material, während nur die intellektive Erkenntnis die Gewißheit der Wahrheit verschaffen kann, denn der Gesichtssinn etwa hat kein Bewußtsein über seine eigene Funktion. Darin zeigt sich das Grundelement einer erkenntniskritischen Metaphysik, die den traditionellen Realismus hinter sich läßt, ohne in das andere, nominalistische Extrem zu verfallen, nach dem die zu erkennende Natur gar keine essentielle Struktur mehr aufweisen sollte. *„Per conformitatem intellectus et rei veritas definitur; unde conformitatem istam cognoscere est cognoscere veritatem. Hanc autem nullo modo sensus cognoscit. Licet enim visus habeat similitudinem visibilis, non tamen cognoscit comparationem quae est inter rem visam et ad id quod ipse apprehendit de ea. Intellectus autem conformitatem sui ad rem intelligibilem cognoscere potest."*[7]

Roger Bacon steht mitten in dieser über Aristoteles und seine bis dahin erfolgten Rezeptionen weit hinausführenden Bewegung und geht dennoch einen ganz anderen Weg als seine Zeitgenossen Albertus Magnus, Thomas von Aquin, Siger von Brabant und viele andere. Die nominalistischen Tendenzen des 12. Jahrhunderts sind Bacon ganz fremd. Im Gegenteil, seine Position ist extrem reali-

„das Wahre" aus. Jede Erkenntnis vollendet sich durch eine Angleichung des Erkennenden an das erkannte Ding, und zwar so, daß die besagte Angleichung Ursache der Erkenntnis ist. So erkennt der Gesichtssinn die Farbe dadurch, daß er durch die Spezies der Farbe disponiert ist, Das erste Verhältnis des Seienden zum Verstand besteht also darin, daß Seiendes und Verstand zusammenstimmen, und diese Zusammenstimmung wird die Angleichung des Verstandes und des Dinges genannt und darin vollendet sich der Begriff des Wahren.)

7 Thomas von Aquin, *Summa theologiae,* I, qu. 16, a. 2, c. (Die Wahrheit wird durch die Gleichförmigkeit von Verstand und Ding definiert. Die Gleichförmigkeit erkennen, heißt die Wahrheit erkennen. Die Sinnlichkeit erkennt diese auf keine Weise. Wenn auch der Gesichtssinn eine Ähnlichkeit mit dem Sichtbaren hat, so erkennt er doch nicht das Gleichheitsverhältnis zwischen dem gesehenen Ding und dem, was er selbst von ihm wahrnimmt. Der Verstand aber kann seine Gleichförmigkeit mit dem erkennbaren Ding erkennen.)

stisch, wie Th. Maloney mit Grund festgestellt hat.[8] Den stärker auf Augustinus und neuplatonische Denkweisen zurückgreifenden Richtungen Bonaventuras oder Heinrichs von Gent ist Bacon aber auch nicht verpflichtet. Dennoch wurzelt Bacons Denken tief in der neuplatonischen Tradition, die er gegen die *moderni*, wie er jene zeitgenössischen Hochscholastiker nennt, in wichtigen Lehrstücken zur Geltung bringt und verteidigt. Gerade das ermöglicht ihm paradoxerweise naturphilosophische Einsichten, die erst lange nach ihm eingeholt werden konnten. Der Einfluß von Robert Grosseteste ist offenkundig und oft analysiert worden.[9] Er macht sich vor allem in der Theorie des Lichtes geltend. Deren Ergebnis nutzt Bacon, um das metaphysische Zentralproblem des Verhältnisses von *essentia* und *res* auf seine Weise zu lösen.

Es ist für seine Position charakteristisch, daß er in seinem gesamten Werk keine den Thomasischen entsprechende Untersuchungen über die Erkenntnis angestellt hat. Die Gegenstände der Wissenschaft unterscheiden sich in seiner Konzeption nicht nach dem *modus essendi* und dem *modus cognoscendi*, und folglich geht er auch nicht auf die Frage nach dem erkenntnistheoretischen Status der metaphysischen Begriffe ein. So ist der Begriff der *prima materia* nicht etwa, wie bei Thomas, ein Resultat von Abstraktion und deshalb ein Reflexionsbegriff, sondern ein möglicher Gegenstand experimentell verfahrender Wissenschaft. Die metaphorische Bestimmung des Lichtes als Inbegriff des Geistes steht dem in der Optik zu untersuchenden Licht von Sonne und künstlichen Lichtquellen nicht äquivok gegenüber, vielmehr ist es eine der Intentio-

8 Cf. Th. Maloney, *The extreme Realism of Roger Bacon*, in: *Review of Metaphysics*, Bd. 38 (1985), S. 807-837.

9 Einige Autoren neigen dazu, Bacons Selbständigkeit gegenüber Grosseteste zu bestreiten, so L. Baur, *Der Einfluß des Robert Grosseteste auf die wissenschaftliche Richtung des Roger Bacon*, in A.G. Little (Hrsg.), *Roger Bacon. Essays contributed by various writers on the occasion of the commemoration of his birth*, Oxford 1914, S. 33-54. Später ist das Verhältnis differenzierter betrachtet worden, und die Besonderheit des Baconschen Denkens ist hervorgetreten. Cf. A.C. Crombie, *Robert Grosseteste and the Origin of Experimental Science 1100-1700*, Oxford 1962, S. 139-162.

nen Bacons, die Übereinstimmung der theologischen Bestimmung des göttlichen Lichtes mit dem Licht als empirischer Naturerscheinung zu erweisen. Auch die Gegenstände der Theologie sind ihm zufolge durch die *scientia experimentalis* zu erschließen, während Thomas hier eine prinzipielle Grenze gezogen hat.

Bacons Metaphysik ist gleichwohl, wie schon bei Aristoteles, eine Lehre von den Prinzipien der Wissenschaft und zugleich von den obersten denknotwendigen Bestimmungen des zu erkennenden Seienden selbst. „Es gibt eine Wissenschaft, welche das Seiende als Seiendes untersucht und das demselben an sich Zukommende. Diese Wissenschaft ist mit keiner der einzelnen Wissenschaften identisch, denn keine der übrigen Wissenschaften handelt vom Seienden als Seiendem, sondern sie scheiden sich einen Teil des Seienden aus und untersuchen die für diesen sich ergebenden Bestimmungen."[10] Auch nach Bacon ist die Metaphysik eine den übri-

[10] Aristoteles, *Metaphysik*, 1002, 21-24 (Übers. v. H. Bonitz, Hamburg 1978, S. 123) Eine eigene Metaphysik von Bacon ist nicht überliefert. Die von R. Steele 1905 unter dem Titel *Metaphysica fratris Rogeri* als erster Faszikel der *Opera hactenus inedita* herausgegebene Werk ist wohl nur ein Bruchstück und hat lediglich die Fehler im damaligen Studium der Theologie zum Gegenstand. Es gibt aber Anzeichen, daß er ein solches Werk entweder tatsächlich geschrieben hat oder dies plante. Er selbst verweist verschiedentlich auf eine *metaphysica mea*, zudem zeigen die vielen metaphysischen Reflexionen, die in Bacons Werken eingefügt sind, wie zentral ihm die Metaphysik war. Cf. hierzu: G. Molland, *Roger Bacon's Knowledge of Mathematics*, in Hackett (Hrsg.), op. cit., S. 153. Indessen nennt Bacon sein naturphilosophisches Hauptwerk *Communia naturalium*. Er verwendet den Begriff *communis*, der zur Bezeichnung der Metaphysik als *scientia communis* diente. Diese Bestimmung findet sich etwa im Prolog des Metaphysikkommentars des Thomas von Aquin: „*Unde restat quod in una communi scientia huiusmodi tractentur.*" (Also bleibt nur übrig, daß diese Dinge in einer gemeinsamen Wissenschaft behandelt werden.) Diese Wissenschaft handelt vom Seienden als solchen und den aus ihm folgenden Bestimmungen wie dem Einen und dem Vielen oder Potenz und Akt. Bacons Auffassung der Metaphysik als allgemeinster Wissenschaft weicht hiervon gar nicht ab. „*Nam nobilis pars Metaphysice, cum sit communis omnibus scientiis, est de origine et distinccione et numero et ordine scienciarum omnium os-*

gen Disziplinen übergeordnete Wissenschaft. Sie ist die *scientia communis*, deren Prinzipien in allen anderen Wissenschaften vorausgesetzt und implizit enthalten sind. Wer also Wissenschaft betreibt, begibt sich immer schon auf das Gebiet der Metaphysik und tut gut daran, dieser Beziehung bewußt zu sein.: „*Necesse est omni tractanti de scientia quacumque speciali ut eam aliis eque sepius comparet ad scienciam communem omnibus que metaphysica nominatur; cujus proprium est dare divisionem omnium scienciarum magnarum et differenciam et originem, et quod est proprium cuilibet, et ordinem illarum assignare, et quis eas invenit, et quando invente sunt et ubi, et verificare principia illarum.*“[11] Es kann freilich nicht die Aufgabe der Einzelwissenschaften sein, aus eigener Kraft Metaphysik zu betreiben. „*Et omnis sciencia specialis supponit sua principia esse et non potest ex sua virtute propria investigare illa ut Aristoteles docet, et hoc manifestavi in Metaphysica mea.*“[12]

Das Seiende ist, ebenfalls im Sinne des Aristoteles, primär das einzelne sinnlich erfaßbare Ding, das danach untersucht wird, *was* es ist. Die Wissenschaft fragt also nach dem Wesen der Sinnendinge. Es war das Bleibende im Wechsel vieler zufälliger und vergänglicher Eigenschaften der Dinge. Die Erkenntnis muß von ihnen abstrahieren, um zum Wesentlichen zu kommen, das letztlich in Art und Gattung des untersuchten Dinges besteht.

tendens propria cuilibet et demonstrans.“ (*Communia naturalia*, S. 5 Der vornehmste Teil der Metaphysik, da er allen Wissenschaften gemeinsam ist, handelt vom Ursprung und von der Unterscheidung, der Zahl und der Ordnung der Wissenschaften. Er zeigt und beweist die Eigentümlichkeiten einer jeden.)

11 Roger Bacon, *Communia mathematica*, in R. Steele (Hrsg.), *Opera hactenus inedita*, Fasc. XVI, Oxford 1940, S. 1.(Wer sich mit einer wie immer speziellen Wissenschaft beschäftigt, muß sie häufig mit der allen gemeinsamen Wissenschaft vergleichen, die Metaphysik genannt wird. Deren Eigentümlichkeit besteht darin, Einteilung, Unterschiede und Ursprung aller großen Wissenschaften darzutun und zu zeigen, was das Eigentümliche einer jeden ist, ihre Ordnung zu bezeichnen und anzugeben, wer sie wann und wo entdeckt hat sowie ihre Prinzipien zu prüfen.)

12 L.c., S. 1f. (Jede Wissenschaft setzt ihre Prinzipien als bestehende voraus und kann diese nicht aus eigener Kraft erforschen, wie Aristoteles lehrt und wie ich es in meiner Metaphysik gezeigt habe.)

Aristoteles hat jedoch im Gegensatz zu Platon nach dem Beständigen im Wechsel und nach der Regel des Werdens und Vergehens selbst gefragt. Zu den Gegenständen der Metaphysik gehören also die Ursachen von Veränderungen ebenso wie die Materie, das ihnen Zugrundeliegende, an dem sie sich vollziehen. Zufälligkeit oder Notwendigkeit dieser Prozesse werden ebenso untersucht wie das Ziel, auf das sie über ihre begrenzte Besonderheit hinaus hingeordnet sind. Diese Themen der Aristotelischen *Metaphysik* haben eine unterschiedliche Rezeption erfahren. Aristoteles selbst entwikkelt sie in seiner *Physik* am Modell der Bewegung und Entwicklung in der Natur, während die Frage nach dem wahrhaft Seienden auf die unveränderliche Ordnung der Wesenheiten gerichtet war. Dieser *ordo essentiarum* bildete in Spätantike und Mittelalter das Schema der Orientierung in einer hierarchisch aufgefaßten Welt. Wie diese nach Seinsgraden gestuften Entitäten in den einzelnen materiellen Dingen ohne Widerspruch vereint real sein können, wie das Entstehen und Vergehen der Dinge die Wesenheiten unverändert bestehen lassen kann, das wurde im Verlaufe des Mittelalters auf vielfältige und gegensätzliche Weise beantwortet. Dem extremen neuplatonischen Realismus stand die ebenso extreme nominalistische Lehrmeinung gegenüber, welche die Wesenheiten zu bloßen Denkbestimmungen herabsetzte.

Die Metaphysik des Aristoteles, die von den Philosophen des 13. Jahrhunderts nicht nur als Stütze der Theologie, sondern auch als Theorie der in den *libri naturales* ausgeführten Naturwissenschaften aufgefaßt wurde, schien den Weg zur Lösung vieler Probleme zu eröffnen. Das Verhältnis von allgemeiner *essentia* und singulärer *res* wurde mit der wechselnden Beziehung von bestimmender Form und bestimmbarer Materie verbunden, welche beide substantielle Momente des konkreten Seienden sein sollten. Bewegung sowie Entstehen und Vergehen erschienen nun erklärbar, zumal der von der sinnlichen Wahrnehmung bis zum abstrakten Begriff sich erstreckende Prozeß des Erkennens den ontologischen Verhältnissen analog verlaufen sollte. Die erkennende Seele verhält sich zum einen wie die Materie, die die Formen aufnimmt, zum anderen als aktives Vermögen, das die Formen aus dem Erkenntnismaterial herauspräpariert und dem passiven Seelenteil einprägt. Dennoch blieben viele Probleme ungelöst, die der Entwicklung der Philosophie wiederum verschiedene Richtungen eröffneten. So stellten sich weiterhin die Fragen, wie die verschiedenen substantiellen Momente im Ding zur Einheit kommen können und wie der erkennende Intellekt von einem angemessenen sinnlichen Bild zu einem adäquaten abstrakten Begriff eines Dinges gelangt.

Diese Fragen stellt sich Roger Bacon indessen nicht. Ihm liegen Reflexionen über das Verhältnis des Intellekts zu den Gegenständen und zu sich selbst fern. Er hat nie den Gedanken erwogen, inwiefern der menschliche Intellekt durch seine Tätigkeit selbst das Medium schafft, in dem wissenschaftliche Erkenntnis allein Objektivität beanspruchen kann. Wenn dies auch erst ein Thema der Neuzeit ist, so haben doch Thomas von Aquin und mehr noch Johannes Duns Scotus die Linie deutlich vorgezeichnet, die dahin führt.[13] Bacon hingegen lehnt die an Aristoteles[14] sich anschließende Theorie der Abstraktion, in der das Zusammenspiel von *intellectus agens* und *intellectus possibilis* entwickelt wird, gänzlich ab. Nicht der menschliche *intellectus agens* bewirkt durch seine Tätigkeit des Trennens und Zusammenfügens die Erkenntnis, es ist vielmehr Gott, der den menschlichen Intellekt erleuchtet. Alles menschliche Wissen ist durch Gott bewirkt. „*[...] sapientia philosophiae est tota revelata a Deo et data philosophis, et Ipse est, qui illuminat animas hominum in omni scientia.*“[15] Der *intellectus agens* ist nach Bacon gar nicht Teil der menschlichen Seele. Unter Berufung auf Wilhelm von Auvergne, Robert Grosseteste und Adam Marsh weist Bacon

13 Cf. hierzu: M. Städtler, *Die Freiheit der Reflexion. Zum Zusammenhang der praktischen mit der theoretischen Philosophie bei Hegel, Thomas von Aquin und Aristoteles*, Berlin 2003, S. 100-114. Außerdem G. Mensching, *Zur transzendentalphilosophischen Bedeutung der* distinctio formalis *bei Johannes Duns Scotus*, in: J.A. Aertsen u. A. Speer (Hrsg.), *Was ist Philosophie im Mittelalter?* (Miscellanea Mediaevalia Bd. 26), Berlin 1998, S. 543-549.

14 Den Auseinandersetzungen über den menschlichen Intellekt liegen die viele Male kommentierten Kapitel 4 und 5 des 3. Buches der Schrift *De anima* des Aristoteles (429a-430a) zugrunde, in denen die Begriffe des *intellectus agens* und des *intellectus possibilis* exponiert werden.

15 Roger Bacon, *Opus tertium*, S. 74. (Die Weisheit der Philosophie ist gänzlich von Gott offenbart und den Philosophen gegeben, und Er ist es, der die menschlichen Seelen in allen Wissenschaften erleuchtet.)

die Lehre der Gegner, die er *moderni* nennt, zurück. Insbesondere kritisiert er hieran, daß es der individuelle menschliche Intellekt sein soll, durch den die Illumination bewirkt werden soll. „*Nam omnes moderni dicunt quod intellectus agens in animas nostras, et illuminans eas, est pars animae, ita quod in anima sunt duae partes, agens scilicet et possibilis; et intellectus possibilis vocatur qui est in potentia ad scientiam, et non habet eam de se; sed quando recipit species rerum, et agens influit et illuminat ipsum, tunc nascitur scientia in eo ; et hoc est verum. Sed falsum est quod agens sit pars animae.*“[16] Es wird an dieser Stelle deutlich, auf welch traditioneller Basis das Baconsche Denken steht, das in anderer Hinsicht seiner Zeit weit voraus ist. Eröffnet Bacon durch seine *scientia operativa* die Perspektive einer autonom in die Natur eingreifenden Praxis, so verschließt er sich doch der erkenntnistheoretischen Grundlage solcher Autonomie, die bei Thomas von Aquin schon entwickelt ist.[17]

Das Fehlen einer Erkenntnislehre im Baconschen Denken hat erhebliche Konsequenzen für das Realitätsverständnis der Naturwissenschaft. So versteht Bacon die metaphysischen Begriffe, die bei Thomas und Scotus reflexiv sind, als unmittelbaren, d.h. irreflexiven Ausdruck des von ihnen Bezeichneten als wären es Dinge, die mit den gegenständlich-empirischen Methoden der Naturwissenschaft untersucht werden könnten. Dies betrifft die Begriffe von Materie und Form, von Substanz, Genus und Spezies, die er experimentell auf die Probe stellen will. Damit eröffnet er eine „moder-

[16] L.c. (Alle Modernen sagen nämlich, daß der tätige Intellekt ein Teil unserer Seelen sei und sie erleuchte, dergestalt daß in der Seele zwei Teile sind, nämlich der tätige und der mögliche. Der mögliche Intellekt wird derjenige genannt, der zur Wissenschaft in Möglichkeit steht und sie nicht aus sich selbst hat. Wenn er aber die Artformen der Dinge aufnimmt und der tätige Intellekt auf ihn einwirkt und ihn erleuchtet, dann entsteht die Wissenschaft in ihm; und das ist wahr. Falsch aber ist, daß dies Agens ein Teil der Seele sei.)

[17] Cf. zur erkenntnistheoretischen Position Bacons auch: Rudolf Walz, *Das Verhältnis von Glaube und Wissen bei Roger Bacon*, Freiburg/Schw. 1928, bes. S. 46-58. Diese heute gänzlich vergessene Dissertation geht immerhin am Rande auf die sonst in der Baconliteratur kaum behandelte Intellektlehre ein.

ne" Blickrichtung auf die Natur, die aber wiederum traditionelle Voraussetzungen hat. Waren seine hochscholastischen Zeitgenossen bereits auf dem Wege zu der Einsicht, daß die Natur nur als Resultat von intellektiver Tätigkeit verfügbar ist, so bleibt Bacon bei der realistischen Position stehen, nach der sich der Intellekt in der Naturerkenntnis nur auf die unmittelbaren Gegenstände und nicht zugleich auf sich selbst bezieht. Wenngleich die Erkenntnistheorie der Baconschen *moderni* zunächst von der Naturwissenschaft wegführt, so ist ihr Resultat nach Jahrhunderten schließlich doch für die Kopernikanische Wende ausschlaggebend gewesen: Der *ordo naturae* war nicht eine rein objektive Seinsordnung, sondern ein Produkt des menschlichen Denkens über Natur.

Bacon weicht indessen von der seit Aristoteles etablierten und durch Porphyrios in das Schema der Gattungen, Arten und Differenzen gebrachten Hierarchie der Wesenheiten ab. Diese in vielen mittelalterlichen Handschriften sinnfällig im Bild eines Baumes dargestellte Ordnung gibt nach seiner Überzeugung die wahren Verhältnisse der ontologischen Bestimmungen nicht adäquat wieder. Sind nach aristotelischer Überzeugung die Formen, also die Gattungen und Arten, die bestimmenden Momente der Dinge, das passiv Bestimmbare aber die Materie, so differenziert Bacon dieses Verhältnis. Form und Materie verhalten sich nicht ausschließlich nach dem Modell von Potenz und Akt. Über das Gefüge der Entitäten abgestufter Allgemeinheit hinaus sind vielmehr noch andere Bestimmungen wesenskonstitutiv, die aus der Aktivität des Lichtes folgen. Hier nimmt Bacon die Metaphysik des Robert Grosseteste auf, der dem Licht eine universale seinskonstitutive Bedeutung beigemessen hatte. „*Lux enim per se in omnem partem se ipsam diffundit ita, ut a puncto lucis sphaera lucis quamvis magna generatur, nisi obsistat umbrosum. [...] Lucem esse proposui, cuius per se est haec operatio: scilicet se ipsam multiplicare et in omnem partem subito diffundere. Quicquid igitur hoc opus facit, aut est ipsa lux, aut est hoc opus faciens in quantum participans ipsam lucem, quae hoc facit per se.*"[18]

18 Robert Grosseteste, *De luce*, in: L. Baur (Hrsg.), *Die philosophischen Werke des Robert Grosseteste, Bischofs von Lincoln*, Münster 1912, S. 51. (Das Licht gießt sich von sich aus überallhin aus, dergestalt daß von

Roger Bacon teilte die Faszination, die von der Natur des Lichtes ausging, zumal der Weg der Lichtstrahlen mathematischen Regeln folgte. Über Grosseteste hinaus ist Bacon von der neuplatonischen Vorstellung der Genese des Seienden durch strahlenartige Emanation bestimmt, die er besonders auch in arabischen Quellen, so z.B. bei Alkindi und Alhazen, finden konnte.[19] Die scheinbar instantane Ausbreitung des Lichtes wurde nach dem Bibelwort „Es werde Licht, und es ward Licht" (Gen. 1,3) als Abbild des Schöpfungsbeginns interpretiert. Für Bacon war dies aber nicht eine metaphorische Darstellung des im übrigen mysteriösen Prozesses, sondern empirisches Faktum, das Gegenstand seiner Experimentalwissenschaft sein sollte. Seine Betrachtungen über die Natur des Regenbogens und über die Erforschung des Sternhimmels nach den Prinzipien der Strahlenlehre in der Optik zeigen dies deutlich.[20] Die

einem Punkt eine beliebig große Lichtsphäre erzeugt wird, wenn das Dunkle nicht widersteht. [...] Ich habe behauptet, daß das Licht aus sich selbst diese Tätigkeit vollbringe: nämlich sich selbst zu vervielfältigen und sich überall sofort zu verbreiten. Was immer dieses Werk vollbringt, es ist entweder das Licht selbst oder etwas anderes, insofern es am Licht teilhat, das dieses aus sich selbst heraus tut.)

19 Cf. Alkindi, *De radiis*, hrsg. v. M.-Th. d'Alverny u. F. Hudry, in *Archives d'histoire doctrinale et littéraire du moyen âge*, 41 (1974), S. 139-260, sowie Alhazen (Ibn al-Haitam), *Abhandlung über das Licht*, übers. v. J. Baarmann, Halle/S. 1882.

20 Cf. Roger Bacon, *Opus maius*, hrsg. v. H. Bridges, Bd. II, S. 175: *„Postquam autem conformiter impressionibus in aere, iridis scilicet coronae et virgae, sic invenimus colores et figuras varias, confirmamur et excitamur multum ad intelligendam veritatem in his quae in coelo contingunt. Et ulterius capiat experimentator instrumentum debitum, et inveniat altitudinem solis super horizonta, et instrumento immobili manente convertat se in oppositum partem et aspiciat per foramina instrumenti, donec videat gibbositatem iridis supremam, et respiciat altitudinem iridis super horizonta; et inveniet quod quanto sol est alterius, tanto iris est inferius, et e converso."* (Nachdem wir gemäß dem Eindrücken in der Luft den Kranz und die Streifen des Regenbogens gefunden haben, so finden wir verschiedene Farben und Gestalten und werden darin sehr bestätigt und angeregt, die Wahrheit in dem zu erkennen, was am Himmel geschieht. Und schließlich soll der Experimentator das geeignete Instrument nehmen und damit die Höhe der Sonne über dem Horizont

Kräfte *(virtutes)* der Natur sind im Licht konzentriert. Von ihm werden die *species* erzeugt, deren Vermehrung Bacon als Wirkungen oberer Ursachen auf die Materie darstellt. „*Omne enim efficiens agit per suam virtutem quam facit in materiam subjectam, ut lux solis facit suam virtutem in aere, quae est lumen diffusum per totum mundum a luce solari. Et haec virtus vocatur similitudo, et imago, et species et multis nominibus, et hanc facit tam substantia quam accidens, et tam spiritualis quam corporalis. [...] Et haec species facit omnem operationem huius mundi ; nam operatur in sensum, in intellectum, et in totam mundi materiam per rerum generationem.*“[21]

Die Spezies, die hierdurch ganz nach dem Muster der neuplatonischen Emanationslehre entstehen, sind nicht unbedingt konstant, da die Materie, in der sie als Formen real sind, nicht eine bestimmungslose und rein passive Komponente des Seienden darstellt. Nicht allein in Vereinigung und Trennung der generischen und spezifischen Form mit und von der Materie liegt der metaphysische Kern des Entstehens und Vergehens, sondern auch in einer Veränderung der Materie selbst, die folglich nicht, wie bei Aristoteles und den meisten seiner mittelalterlichen Nachfolger, numerisch nur eine sein kann. „*Nam una materia est alia per essenciam ab alia, sicut patet quoniam dividitur per differencias specificas sicut forma,*

bestimmen und sich bei unbewegt bleibendem Instrument zur entgegengesetzten Seite wenden durch die Löcher des Instrumentes schauen und, während er die Unebenheit des oberen Regenbogens sieht und die Höhe des Regenbogens über dem Horizont betrachten; er wird heraus finden, daß je höher die Sonne steht, desto niedriger der Regenbogen und umgekehrt.)

21 Roger Bacon, op. cit., Bd. I, S. 111. (Jedes Wirkende wirkt durch seine Kraft auf die zugrunde liegende Materie ein, wie das Sonnenlicht der Luft seine Kraft überträgt, die das in der ganzen Welt durch das Sonnenlicht ausgebreitete Licht ist. Diese Kraft wird Ähnlichkeit, Bild, Spezies und mit vielen anderen Namen benannt und bringt sowohl geistige wie materielle Substanzen und Akzidentien hervor. [...] Diese Spezies bewirkt alle Vorgänge in dieser Welt, denn sie wirkt auf die Sinnlichkeit, auf den Intellekt und auf die ganze Materie ein, indem sie die Dinge erzeugt.)

et ideo asinus non differt ab equo per solam formam, set per materiam aliam specificam."[22]

Der aristotelischen Lehre entsprechend bestimmt Bacon Materie und Form als Teile des Wesens der zusammengesetzten Substanzen. Dieses Wesen ist als ganzes den Akzidentien entgegengesetzt. „*[...] materia et forma sunt partes de essencia substancie composite, ideo non possunt habere naturam accidentis, set illius substancie quandam racionem, quoniam nec sunt omnino diversa a toto, nec idem penitus, et propter hoc ipsa natura substancie composite est illa natura que opponitur accidenti.*"[23] Materie und Form sind in doppeltem Sinne Grund für die Verschiedenheit der Dinge. Eben hierin weicht Bacon von der aristotelischen Position ab. Wären nur die Formen der Grund für die Verschiedenheit, dann müßte diesen eine immer gleiche Materie zugrunde liegen, die als *materia communis* bezeichnet werden müßte. An diese aber könnte nur eine *forma communissima* gebunden sein. „*[...] si materia propria appropriat formam et e converso, ut Aristoteles sepe dicit, tunc materia communis respondebit forme communi et e converso, et ideo sicut est una forma communissima ad omnes formas substanciarum compositarum, sic erit una materia communissima ad omnes materias substanciarum compositarum, et specialis materia sive specifica, forme specifice.*"[24] An anderer Stelle kritisiert er die aristotelische

22 Roger Bacon, *Communia naturalium*, I, in: *Opera hactenus inedita*, hrsg. v. R. Steele, Oxford 1905, S. 90. (Denn eine Materie ist duch ihr Wesen von der anderen verschieden, wie es offenkundig ist, da sie durch spezifische Differenzen unterschieden ist wie die Form. So unterscheidet sich der Esel vom Pferd nicht allein durch die Form, sondern durch eine andere spezifische Materie.)

23 Roger Bacon, op.cit., S. 52. (Materie und Form sind Teile des Wesens der zusammengesetzten Substanz; daher können sie nicht die Natur eines Akzidenz haben, sondern die Bestimmung der Substanz, wenn sie auch weder gänzlich verschieden noch innerlich gleich sind, und deshalb ist es diese zusammengesetzte Natur (Wesen), die dem Akzidenz entgegengesetzt ist.)

24 Roger Bacon, op. cit., S. 54. (Wenn die Materie die Form annimmt und umgekehrt, wie Aristoteles häufig sagt, dann entspricht eine allgemeine Materie einer allgemeinen Form und umgekehrt, und wie es eine allgemeinste Form gibt, die allen Formen zusammengesetzter Substanzen

Lehre von der einen *prima materia*, die geradezu der schlimmste Fehler in der Philosophie sei.[25] Gegenüber der zu seiner Zeit ganz allgemein vertretenen Position führt er an, daß hiernach die metaphysische Bestimmung des Seienden tautologisch sei. Die bestimmungslose Potentialität der *prima materia* könnte nur Dinge als Verdoppelungen ihrer generischen und spezifischen Bestimmungen entstehen lassen. Die Unterschiede der Formen würden an der immergleichen Materie zunichte, so daß alle Dinge im Kern identisch wären. Entstehen und Vergehen könne so nicht erklärt werden, und ein planvoller Eingriff in die Natur wäre auch nicht möglich. *„Et certum est quod materia propria requirit formam propriam, et e converso; – nam materia asini non potest capere animam rationalem, nec materia hominis animam asini; – et ideo si materia est eadem in omnibus secundum essentiam, et forma erit eadem in eis, et ita omnia erunt unum et idem; et angelus sic erit lapis, et homo asinus et coelum terra, et quidlibet erit quidlibet.“*[26]

gemeinsam ist, so auch eine allgemeinste Materie, die allen Materien zusammengesetzter Substanzen gemeinsam ist, und die besondere oder spezifische Materie entspricht der spezifischen Form.)

25 *„Et cum omnes ponant, quod materia sit una numero in omnibus rebus, scilicet spirirualibus et corporalibus, et in coelestibus, et in elementis, et in mixtis et in inanimatis, et in anima et omnibus ; et cum hic sit error pessimus qui unquam fuit in philosphia, ideo aggredior hanc positionem, et huiusmodi positionis destructio est valde necessaria.“* Roger Bacon, *Opus tertium*, ed. Brewer, S. 120f. (Und da alle behaupten, daß die Materie numerisch eine sei in allen Dingen, also in geistigen und körperlichen, in den Elementen, in gemischten und unbelebten [Körpern], in der Seele und in allem sonst, und da dies der schlimmste Fehler ist, der in der Philosophie jemals gemacht worden ist, greife ich diese Position an, und die Vernichtung dieser Position ist sehr nötig.)

26 Roger Bacon, op. cit., S. 121. (Es ist gewiß, daß die [einem Ding] eigene Materie eine eigene Form erfordert und umgekehrt – denn die Materie eines Esels kann nicht eine vernünftige Seele annehmen noch die Materie des Menschen die Seele eines Esels; – wenn daher die Materie in allen Dingen wesentlich gleich wäre und die gleiche Form in ihnen wäre, dann wären alle Dinge ein und dasselbe. Ein Engel wäre ein Stein, ein Mensch ein Esel und der Himmel wäre die Erde, und jedes Beliebige wäre jedes beliebige andere.)

Die statische Struktur der Wesenheiten wird von Roger Bacon dynamisiert. Dies hat für seine Bestimmung der Alchemie entscheidende Konsequenzen. Zudem leistet die Erkenntnis der Natur nicht allein die begriffliche Fixierung der als substantiell geltenden Universalien, die durch Abstraktion von den sinnlichen Einzeldingen deren unanschauliches Wesen ergeben soll; sie besteht vielmehr in einem neuen Sinne in einem Erfahrungsprozeß, der den gegenständlichen Eingriff in die materiellen Objekte einschließt, also von der spekulativen Kontemplation Abstand nimmt.

Für Bacon gilt die viel später von Kant erhobene Forderung, daß die Natur durch die Wissenschaft genötigt werden müsse, auf Fragen zu antworten, die nicht auf isolierte Tatsachen, sondern letztlich auf die Totalität von Seiendem gerichtet sind. Bacon war sich indes, anders als Kant, des metaphysisch verbürgten *mundus intelligibilis* noch vollkommen sicher. Die Ptolemäische Kosmologie ist auch in seinen kühnsten optischen und alchemistischen Spekulationen wie selbstverständlich vorausgesetzt. Insofern war auch das Ganze der Wissenschaft, für Kant als solches problematisch und allenfalls eine unendliche Aufgabe, in Bacons Denken das sichere und demonstrierbare Ziel der Erkenntnis. Darin stimmt er mit nahezu allen Gelehrten des Mittelalters, den christlichen wie den islamischen und jüdischen, überein.

In diesem Horizont seiner kosmologischen Vorstellungen ist Bacon gänzlich traditionell. Ausführlich legt er die ptolemäische Konzeption dar, die im Laufe des Mittelalters gegenüber der ursprünglichen aristotelischen sich als die stringentere herausgestellt hatte.[27] Zwar hatte es zahlreiche Modifikationen erfahren, stellte

[27] Das zweite Buch der *Communia naturalium* ist den Himmelskörpern und ihren Bewegungen gewidmet. Cf. *Opera hactenus inedita*, hrsg. v. R. Steele, Fasc. IV, Oxford 1913. J. Hackett hat festgestellt, daß Bacon nicht eigentlich als Astronom gelten kann. Seine Darstellungen folgen den damaligen Autoritäten, also außer Aristoteles und Ptolemäus den arabischen Gelehrten. Ein wesentliches Interesse hatte Bacon hier an der Zurückweisung der Magie. Die Astrologie als Lehre von einer strikten Kausalität der Sternbewegungen auf das menschliche Schicksal hielt er in den Grenzen der mathematischen Darstellung für wissenschaftlich. Cf. J. Hackett, *Roger Bacon on Astronomy-Astrology. The sources of the*

aber dennoch wie das aristotelische den Kosmos als geschlossenes System dar. Anders als letzteres war das ptolemäische Weltbild indessen für eine mathematische Demonstration geeignet. Es konnte die scheinbar widersprüchlichen Erscheinungen des als vollkommen regulär vorgestellten Sternhimmels mathematisch so erklären, daß die Anschaulichkeit des gesamten Systems gerettet wurde.[28]

In Bacons Denken spielt der Begriff der *species* eine wesentliche Rolle. Seine Bedeutung changiert eigentümlich zwischen der metaphysischen *species* und einem Begriff der Optik und Wahrnehmungslehre. Seit Porphyrios wird Seiendes logisch in die Prädikabilien Gattung, Art, Unterschied, Proprium und Akzidenz eingeteilt. Um die Frage nach der metaphysischen Natur dieser Universalien ging der berühmte Universalienstreit, der freilich im 13. Jahrhundert nicht im Zentrum des Interesses stand. Auch Bacon hat sich hierzu nur geäußert, um seine metaphysische Lehre zu verdeutlichen. Sein Begriff der *species* ist deshalb nur zum Teil mit der universalientheoretischen Entität identisch. Er sollte vielmehr die universale Wirkung des Lichtes zum Inhalt haben und naturphilosophisch die Vorgänge des Entstehens und Vergehens erklären. An ihm ist der enge Zusammenhang zwischen der Baconschen Metaphysik und seiner Naturwissenschaft deutlich.

Neu ist nämlich, daß Bacon versucht, die Natur in abgegrenzten Bereichen nach den ihm gegebenen theoretischen Vorannahmen auf die Probe zu stellen. Dies vor allem verbindet ihn mit der neuzeitlichen Naturwissenschaft. Seine Annahmen waren, wie man

scientia experimentalis, in: J. Hackett, *Roger Bacon and the Sciences*, S. 173-198.

28 Cf. hierzu die Ausführungen von A.C. Crombie, *Von Augustinus bis Galilei. Die Emanzipation der Naturwissenschaft*, Köln/Berlin 1959, S. 62-94. Besonders erhellend ist die Aufklärung über die Rezeption der ptolemäischen Denkweise im 13. Jahrhundert. Bacon wie auch andere haben die mathematische Methode der astronomischen Wissenschaft besonders geschätzt und sie für die Erschließung der Natur empfohlen. Aber auch dies ist nicht unbedingt eine Vorwegnahme der Moderne, denn diese hat sich mit der mathematischen Behandlung naturwissenschaftlicher Gegenstände von der Anschaulichkeit grundsätzlich entfernt.

heute weiß, fast alle falsch, aber der Weg, auf dem sich dies herausstellte, wurde nicht erst von den Denkern der Renaissance und der frühen Neuzeit gewiesen, sondern schon im 13. Jahrhundert von Roger Bacon selbst. Solange die theoretischen Lehren der überkommenen Naturphilosophie noch nicht an hinreichend partikularisierten Erscheinungen unter kontrollierten Rahmenbedingungen experimentell untersucht waren, mußten die Ansichten vielfach abstrus sein. Dennoch hat sich hier die Scheidung von Metaphysik und empirischer Naturwissenschaft zum ersten Mal abgezeichnet.

Bacons Metaphysik ist freilich immer zugleich spekulative Physik, wie es die aristotelische Tradition vorgab. Sie besteht aber nicht allein in einer Konstruktion der Körper und ihrer Bewegungen, sondern auch in einer Lehre von der theoretisch geleiteten und zugleich operativ vorgehenden Erfahrung. Metaphysik geht in *scientia experimentalis* über. Dieses Wissenschaftsmodell ist oft als Empirismus mißverstanden worden.[29] Es beruht aber auf einer durchweg metaphysischen Grundposition, die auch für Bacons Einteilung der Wissenschaften maßgeblich ist. Bereits das frühe Mittelalter kannte Gliederungen der Wissensgebiete, die in Vorstellungen von der Hierarchie der Gegenstände wurzelten. Dem entsprach schon bei Boethius und Cassiodor der allem übergeordnete Rang der Theologie, handelte diese doch von dem Ursprung aller Dinge, von denen die weltlichen den geistlichen untergeordnet waren. Die Ordnung der Wissenschaften konnte so als ein Abbild der göttlichen Weltordnung im menschlichen Geist angesehen werden. So schreibt Cassiodor in der *Conclusio* seiner *Institutiones*: „*Promissionibus ergo nostris, ut opinor, pro modulo ingenii Domino praestante completis, consideremus ordo iste disciplinarum cur fuerit usque ad astra perductus, scilicet ut animos vel saeculari sapientiae deditos disciplinarum exercitatione defecatos a terrenis rebus abduceret, et in superna fabrica laudabiliter collocaret.*“[30] Weltliche Wissenschaft ist

29 Besonders im 19. Jahrhundert ist diese Deutung Bacons im angelsächsischen Raum zu finden: Cf. für viele andere: R. Adamson, Roger Bacon: *The Philosophy of Science in the Middle Ages*, Machester 1876.

30 Cassiodor, *Institutiones divinarum et saecularium litterarum (Einführung in die geistlichen und weltlichen Wissenschaften)*, hrsg. u. übers. v. W. Bürsgens, Freiburg 2003, S. 446-449. („Nachdem ich also, wie ich

also nicht in erster Linie auf die Beherrschung der Natur gerichtet, sondern auf die Schau Gottes. Dieser oberste Zweck von Wissenschaft bleibt zwar bis ins 13. Jahrhundert durchaus erhalten, aber offenkundig wandte sich das Interesse der profanen Naturbeherrschung und der empirisch nützlichen gegenständlichen Tätigkeit zu. Schon in der *Divisio philosophiae* des Dominicus Gundissalinus aus dem 12. Jahrhundert wird betont, daß die Philosophie, die als Inbegriff der Wissenschaft galt, zum einen theoretisch, zum anderen aber praktisch in dem Sinne sei, daß sie sich auf die *executio operis*, nämlich auf das künstlich Herzustellende, bezieht.[31]

Bacons besondere Neuerung ist die Beziehung zwischen theoretischer Reflexion und Experiment. Die hier zu gewinnende Erfahrung steht indes unter dem Primat der Theorie, die sich aus der Metaphysik ableitet und ihre *utilitas* erweist, indem sie sich auf die Moral bezieht, welche ihrerseits auf das christliche Heilsversprechen hingeordnet ist. Diese überall präsente Verknüpfung von Metaphysik und operativer Naturerkenntnis mit politischer Moral und theologischer Heilslehre macht das Eigentümliche des Baconschen Denkens aus. Seine systematische Einheit beruht demnach auf ganz traditionellen, neuplatonischen Vorstellungen, seine Methode und einige seiner Fragestellungen aber weisen weit darüber hinaus.

glaube, mein Versprechen mit Hilfe des Herrn und nach Maßgabe meiner Verstandeskraft erfüllt habe, wollen wir darüber nachsinnen, weshalb diese Abfolge der Wissenschaften bis hinauf an die Gestirne geführt wurde. Natürlich deshalb, damit sie auch die der Weltweisheit ergebenen Seelen nach ihrer Erprobung und Läuterung in den weltlichen Wissenschaften vom Irdischen hinweggeführt und in den himmlischen, von Gott erschaffenen Regionen in herrlicher Weise wohnen läßt.")

31 Dominicus Gundissalinus, *De divisione philosophiae (Über die Einteilung der Philosophie)*, hrsg. v. A. Fidora u. D. Werner, Freiburg 2007, S. 64.

IV. Scientia experimentalis

Über die Bedeutung der Erfahrungswissenschaft bei Roger Bacon sind viele einander entgegengesetzte Meinungen geäußert worden. Teils wurde der Begriff im Gefolge Francis Bacons als induktive empirische Forschung verstanden, die das Mittelalter sonst vernachlässigt habe, teils erfuhren die Reflexionen im *Opus maius* und in den *Communia naturalium* eine differenzierte Deutung, die einen facettenreichen Erfahrungsbegriff zum Vorschein brachten.

Zunächst meint *experientia* die sinnfällige Erfahrung, durch die etwa eine Vermutung bestätigt wird. Erfahrung in diesem Sinne ergänzt das Wissen, das durch einen Syllogismus, also einen theoretischen Beweis, erworben wird. „*Si enim aliquis homo qui nunquam vidit ignem probavit per argumenta sufficientia quod ignis comburit et laedit res et destruit, nunquam propter hoc quiesceret animus audientis, nec ignem vitaret antequam poneret manum vel rem combustibilem ad ignem, ut per experientiam probaret quod argumentum edocebat.*“[1] Dieser Weg der Vergewisserung modifiziert sich beim Beweis in der Geometrie. Diese Wissenschaft hat es mit Figuren zu tun, deren Regelmäßigkeiten in der Anschauung demonstriert werden müssen, wenngleich der Beweis, der hierdurch vollendet wird, über den einzelnen wahrgenommenen Fall hinausgehen muß, um Allgemeinheit beanspruchen zu können. Die Anschauung produziert also das Wissen nicht allein, sondern sie begleitet *(comitetur)* das syllogistische Verfahren. Der sinnfällige Nachweis an einem empirischen Gegenstand genügt nicht, um wissenschaftliche Erfahrung zu gewinnen. Dies verdeutlicht das Verfahren der von Bacon so hoch geschätzten Mathematik, deren Beweise in allen Wissenschaften anwendbar sind. „*Verum est enim quod mathematica habet experientias universales circa conclusiones*

[1] Roger Bacon, *Opus maius*, Bd. II, S. 167f. (Wenn ein Mensch, der nie ein Feuer gesehen hat, durch hinreichende Argumente bewiese, daß das Feuer brennt und Dinge beschädigt und zerstört, so würde der Geist eines Zuhörers deswegen nicht zufrieden sein und würde das Feuer nicht meiden bevor er nicht die Hand oder etwas Brennbares ins Feuer gelegt hätte, um durch Erfahrung zu beweisen, was das Argument besagte.)

suas in figurando et numerando, quae etiam applicantur ad omnes scientias et ad hanc experientiam, quia nulla scientia potest sciri sine mathematica."[2] Bacon illustriert dieses Verständnis von Wissenschaft am Beispiel seiner Theorie des Regenbogens. Hier versucht er, die verschiedenen Situationen, in denen die Farben des Regenbogens erscheinen, nach einem gemeinsamen mathematischen Modell zu begreifen. Das war ein Schritt auf dem Wege zur adäquaten Erklärung dieser Naturerscheinung, auf dem im Mittelalter nur Dietrich von Freiberg, Bacons jüngerer Zeitgenosse, weiter vorankam.

Ein weiterer Sinn von *scientia experimentalis* meint das Wissen, das durch geplante Konstellationen von Phänomenen und Instrumenten operativ gewonnen wird. Hier nimmt Bacon die moderne Bedeutung der experimentellen Methode vorweg. Die theoretisch konzipierte Konstruktion von Instrumenten, durch die Naturerscheinungen auf ihre Gesetzmäßigkeit zu untersuchen sind, verdeutlicht er am Beispiel des Brennspiegels, mit dem er ja selbst gearbeitet hat. „*Verbi gratia: facere speculum comburens pertinet ad geometriam, quia figuratio determinata requiritur; sed geometria non excogitat hoc opus mirabile, nec usum ejus, sed experimentator, qui vult omne combustibile comburere per hoc speculum ad radios solis, et in omni distantia qua voluerit. Et ideo magnum artificium est hic quod solus experimentator fidelis novit excogitare, sed tamen imperat geometriae ut corpus speculare praeparet et figuret; et ideo quantum ad usum attribuitur experimentatori, quantum ad compositionem geometrie.*"[3] Die Konfiguration

2 op. cit., 173. (Es ist nämlich wahr, daß die Mathematik allgemeine Erfahrungen über ihre geometrischen und arithmetischen Lehrsätze besitzt, die auf alle Wissenschaften und ihre Erfahrungen angewandt werden können, weil keine Wissenschaft ohne Mathematik zum Wissen gelangt.)

3 Roger Bacon, *Opus tertium*, S. 45 (Zum Beispiel: Einen Brennspiegel herzustellen, gehört zur Geometrie, weil es eine bestimmte figürliche Vorstellung erfordert. Aber nicht die Geometrie denkt sich dieses Wunderwerk noch seinen Gebrauch aus, sondern der Experimentator, der alles Brennbare durch diesen auf die Sonnenstrahlen gerichteten Spiegel aus jeder beliebigen Entfernung verbrennen will. Und so ist hier

der Instrumente folgt aus einer theoretischen Überlegung, die ihrerseits auf bereits gesicherten Ergebnissen der Wissenschaft beruht. Wenn die Annahmen stimmen, erlaubt es die Versuchsanordnung, Naturerscheinungen zuverlässig zu reproduzieren. Das Experiment dient somit der Feststellung der unter bestimmten notwendigen Bedingungen allgemeinen Regel, also der Erkenntnis eines über den einzelnen empirischen Fall hinausgehenden Gesetzes. Dadurch wird es möglich, die im Rahmen des Experiments hervorgebrachten Naturerscheinungen technisch zu nutzen. Dieses bis in die Gegenwart gültige Verfahren der Wissenschaft[4] hat Roger Bacon vor allem an Modellen der Optik und der Alchemie angedeutet. In der Optik waren Bacons Einsichten treffender als in der Alchemie, deren Versuch, Gold herzustellen und den Stein der Weisen zu finden, auf falschen Voraussetzungen beruhte. Seine Thesen sind im übrigen eher programmatisch als daß sie Resultate empirischer Forschung darstellten.

Neu ist indessen an diesen Überlegungen, daß der Fortschritt der Erkenntnis an operative, gleichsam handwerkliche Verfahren gebunden ist. Galten die *artes mechanicae* im Mittelalter als separate und gegenüber den spekulativen Wissenschaften untergeordnete Disziplinen[5], so verleiht ihnen Roger Bacon als Momenten seiner *scientia experimentalis* eine weitaus höhere Funktion. In der Erkenntnis führen sie, wie alle wahre Wissenschaft, zu Gott und zur Erlösung, zudem haben sie aber eine Nützlichkeit für das profane

das große Kunstwerk, das nur der zuverlässige Experimentator auszudenken weiß, aber dennoch trägt er der Geometrie auf, daß diese den Spiegelkörper zubereite und gestalte. Und es trägt ebenso viel zum Nutzen des Experimentators bei wie zur Konstruktion der Geometrie.)

4 Cf. hierzu P. Bulthaup, *Zur gesellschaftlichen Funktion der Naturwissenschaften*, Frankfurt 1973, S. 40 ff.

5 Die Bewertung der mechanischen Künste erfährt im Mittelalter einen deutlichen Wandel. Waren die handwerklichen Fähigkeiten primär gar kein Gegenstand der theoretischen Beschäftigung, so betrachtet sie Hugo von Sankt Viktor eingehend in der Wissenschaftseinteilung seines *Didascalicon,* dessen Kapitel 20-27 von den sieben mechanischen Künsten handeln: Tuchherstellung, Waffenschmiede, Navigation, Agrikultur, Jagd, Medizin und Theater. (Cf: *Didascalicon. De studio legendi*, hrsg. v. C.H. Buttimer, Washington 1939, S. 38-44.)

Leben. So fordert er die Medizin dazu auf, sich der experimentellen Methode zu bedienen, um das menschliche Leben zu verlängern.[6] An anderer Stelle projektiert er die Erfindung von Automobilen, Flugzeugen und U-Booten.[7] Hier zeigt sich deutlich, daß die alte aszetische Lebensauffassung sich erheblich modifiziert, und dies nicht etwa bei einem häretischen Laien, sondern bei einem sich ganz rechtgläubig verstehenden Franziskaner.

Die experimentelle Methode der neuzeitlichen Naturwissenschaft führt zur systematischen Erweiterung des Wissens, die durch synthetische, nicht aus Gewußtem deduzierbare Schritte bewirkt wird. Dieses geistige Moment der Naturwissenschaft führt Bacon als einen höheren Sinn von *experientia* ein. Da es nicht von anderen empirischen Gegebenheiten ableitbar ist, identifiziert er es mit göttlicher Inspiration. Die bloße Erfahrung als Sammeln von Daten ist für die Wissenschaft nicht ausreichend. „*Sed duplex est experientia; una est per sensus exteriores, et sic experimenta ea, quae in coelo sunt per instrumenta ad haec facta, et haec inferiora per opera certificata ad visum experimur. [...] Et haec experientia est humana et philosophica, quantum homo potest facere secundum gratiam ei datam; sed haec experientia non sufficit homini, quia non plene certificat de corporalibus propter sui difficultatem, et de spiritualibus nihil attingit. Ergo oportet quod intellectus hominis aliter iuvetur, et ideo sancti patriarchae et prophetae, qui primo dederunt scientias mundo, receperunt illuminationes interiores et non solum stabant in senso.*"[8]

6 Cf. op. cit., S. 43f.

7 Roger Bacon, *Epistola [...] de secretis operibus artis et naturae, et de nullitate magiae*, in: J. S. Brewer, *Opera hactenus inedita*, S. 532f.:

8 Roger Bacon, *Opus maius*, Bd. II, S. 169. (Aber es gibt eine zweifache Erfahrung, die eine geschieht durch die äußeren Sinne wie die Experimente, die am Himmel mit den hierzu hergestellten Instrumenten gemacht werden, sowie jene, die wir auf der Erde durch gesicherte Eingriffe sinnfällig erfahren. [...] Diese Erfahrung ist menschlich und philosophisch, insofern der Mensch sie mit den ihm verliehenen Gaben machen kann. Aber diese Erfahrung genügt dem Menschen nicht, weil sie wegen ihrer Schwierigkeit nicht vollkommene Gewißheit über die körperlichen Dinge verschafft und bei den geistigen nichts erreicht. Also muß dem menschlichen Verstand auf andere Weise geholfen wer-

Dieses Moment der Spontaneität, mit dem der menschliche Intellekt seine Erkenntnis schrittweise auch außerhalb methodisch geregelter Verfahren erweitert, deutet Bacon als das Wirken des göttlichen Geistes, der ja an die Sinnlichkeit nicht gebunden ist. Von hier aus gelangt seine Wissenschaftstheorie zur Theologie, die im Grunde überhaupt erst Naturwissenschaft ermöglichen soll. „*Et ideo cum omnes partes philosophiae speculativae procedant per argumenta, quae vel fiunt per locum ab auctoritate vel per caeteros locos argumentandi praeter hanc quam nunc investigo, necessaria est nobis scientia, quae experimentalis vocatur. Et volo eam explanare, non solum ut utilis est philosopiae, sed sapientiae Dei, et totius mundi regimini.*“[9]

Aufgrund solcher Überlegungen setzt Bacon die *scientia experimentalis* als die höchste Wissenschaft ein, der die anderen Disziplinen als Mägde dienen. „*Nam haec [scientia] se habet ad alias, sicut navigatoria ad carpentariam, et sicut ars militaris ad fabrilem; haec enim praecipit ut fiant instrumenta mirabilia, et factis utitur, et etiam cogitat omnia secreta propter utilitates reipublicae et personarum; et imperat aliis scientiis, sicut ancillis suis.*“[10] Der Nutzen für die Menschheit liegt sogar in der Milderung der kriegerischen Auseinandersetzungen, die beim Erscheinen des Anti-

den, so wie die heiligen Patriarchen und Propheten, die der Welt als erste die Wissenschaft gaben, innere Erleuchtungen erhielten und nicht allein beim Sinnlichen stehen blieben.)

9 Op. cit., S. 171. (Und da alle Teile der spekulativen Philosophie aus Argumenten hervorgehen, die entweder auf einem durch Autorität gegebenen Topos beruhen oder auf anderen Topoi außer denen, die ich gerade untersuche, brauchen wir eine Wissenschaft, die experimentell genannt wird. Diese will ich erklären, nicht nur als nützlich für die Philosophie, sondern auch für die Weisheit von Gott und die ganze weltliche Herrschaft.)

10 Op. cit., S. 221. (Diese Wissenschaft verhält sich zu den anderen wie die Schiffahrt zum Zimmermannshandwerk und wie die Kriegskunst zur Schmiedearbeit; sie erteilt den anderen Weisungen, damit sie als bewundernswerte Werkzeuge dienen und benutzt, was sie tun. Auch erwägt sie alle Geheimnisse im Hinblick auf den öffentlichen und persönlichen Nutzen; sie gebietet den anderen Wissenschaften als wären es ihre Mägde.)

christ sonst unvermeidlich sind. Ganz allgemein hält Bacon die Verbesserung der naturwissenschaftlichen Bildung des Klerus und der Fürsten für die beste Voraussetzung für die Vermeidung von Kriegen, denn die Feinde des Christentums seien eher durch *opera sapientiae* als durch Kriegswaffen zu besiegen. Aufklärerisch avant la lettre schreibt er den Naturwissenschaften und ihrer technischen Nutzung eine humanisierende Wirkung zu.

An dieser Stelle liegt sein Interesse an einer *philosophia moralis*, welche den siebenten Teil seines *Opus maius* ausmacht. Dieser Disziplin weist Bacon sogar einen noch höheren Rang zu als der Experimentalwissenschaft. Es ist jedoch schwer, zu bestimmen, welche Rangordnung der Wissenschaften für Bacon letztlich die maßgebliche ist. Im Kosmos des Baconschen Denkens steht die Theologie an oberster Stelle, während alle anderen Wissenschaften und Künste deren Mägde sein sollen. In den Teilen seines Werkes, in denen er gegen die Wissenschaftspraxis seiner Zeit polemisiert, geht er teils von einem Vorrang der Sprachstudien aus, teils insistiert er auf der Bedeutung von Mathematik und Naturwissenschaften für die Theologie. In seinen Reflexionen zur Naturwissenschaft selbst stellt er die *scientia experimentalis* an erste Stelle, so besonders im 6. Teil des *Opus maius*. In den *Communia naturalium* legt er eine Metaphysik dar, die der Beschäftigung mit empirischen Gegenständen der Erfahrung vorausgeht. An anderer Stelle im selben Werk hebt er die Optik besonders hervor, die als Lehre von der universalen Wirksamkeit des Lichtes als natürliches und geistiges Agens in der Tat seine Metaphysik exemplifiziert. In dem langen siebenten Teil des *Opus maius* hebt er das praktische Interesse seiner Wissenschaftskonzeption für die gesamte Menschheit hervor und weist der *moralis philosophia* den ersten Rang zu, da sie das Telos aller wissenschaftlichen Tätigkeit zum Gegenstand habe: „*Omnia vero opera artis et naturae ordinantur ad haec opera moralia, et sunt propter ea; nec habent utilitatem nisi secundum quod operibus morum deserviunt; et ideo practicae et operativae scientiae, ut experimentalis alkimia et caetera, dicuntur speculativae respectu operationum, quae sunt in morali seu in civili scientia. Et haec scientia est domina partium omnium philosophiae, et utitur eis et imperat, propter utilitates civitatum et regnorum.*“ [11]

[11] Roger Bacon, *Opus tertium*, S. 48 (Alle Werke von Kunst und Natur sind auf jene moralischen Werke hingeordnet und sind ihretwegen da. Sie haben keinen Nutzen, wenn sie nicht den sittlichen Werken dienen. Deshalb werden die praktischen und operativen Wissenschaften, wie die praktische Alchemie und ähnliches spekulativ im Hinblick auf die Handlungen genannt, die es in der moralischen oder bürgerlichen Wissenschaft gibt. Diese Wissenschaft ist die Herrin aller Teile der Philosophie, nutzt sie und befiehlt ihnen um des Nutzens für Städte und Königreiche willen.) Cf. hierzu: J. Hackett, *Roger Bacon on the Classification of the Sciences*, in: J. Hackett, *Roger Bacon and the Sciences*, S. 41-65.

V. Optik

Die Optik, die Bacon gewöhnlich *perspectiva* nennt, hat in seinem geistigen Kosmos eine zentrale Stelle inne. Als Lehre vom Licht, als Theorie des Sehens und vom universalen Hervorgang der Kraft im Universum enthält sie mathematisch-physikalische, erkenntnistheoretische, metaphysische und nicht zuletzt theologische Elemente. Diese besondere Stellung des Lichtes verdankt sich der aus archaischen Zeiten stammenden Metaphorik, nach der das Licht als physische Natur ebenso wie als Geist gedeutet wurde. Geistig im Sinne der Erleuchtung des Verstandes und physisch als Erhellung der sichtbaren Welt entfaltet es seine Wirksamkeit universal, zumal das Leben mit dem Wechsel von Tag und Nacht sowie mit dem lichtbestimmten Zyklus der Jahreszeiten zusammenhängt. Licht wurde schon in der Antike als eine besonders feine „geistige" Materie verstanden. So redeten die Stoiker vom Sehpneuma, das vom Auge ausgehe und von den materiellen Dingen reflektiert werde.[1] In dem nach Sphären gegliederten Weltbild des Mittelalters war die *sphaera lucis*, das *caelum empyreum,* der Sitz Gottes. Der Aufstieg zur reinen glückseligen Schau Gottes wurde daher als ein Aufstieg der Seele aus der Befangenheit in der irdischen Materie zu immer sublimeren und geistigeren Sphären verstanden, ein Weg, der die Seele aus dem Dunklen und Opaken zur *visio* des reinen Lichtes als des göttlichen Geistes führen sollte. Die Untersuchung der physischen Natur des Lichtes war gegenüber dieser Spekulation über die Himmelsreise der Seele eine relativ profane Wissenschaft, die schon früh begonnen hatte, exakte Grundlagen in der Astronomie und in verschiedenen Versuchen mit den Sonnenstrahlen zu finden. So gibt es bei Euklid eine Theorie der Reflexion und Platon kennt bereits die für Bacon so wichtigen Brennspiegel.[2]

Roger Bacon hat in seiner *perspectiva* die zahlreichen Erkenntnisse von Euklid, Aristoteles, Ptolemäus, Alhacen, Alkindi, Grosse-

1 Cf. J. v. Arnim (Hrsg.), *Stoicorum veterum fragmenta*, Bd. II, Stuttgart 1979, § 9. Hierzu: E. Hoppe, *Geschichte der Optik*, Wiesbaden 1967, S. 6f.

2 Cf. Platon, *Timaios*, 456. Ein kurzer Überblick findet sich bei Hoppe, op. cit, S. 9ff.

teste und vielen anderen auf dem Gebiete der Optik gesammelt und unter dem Gesichtspunkt ihrer Mathematisierung vereinigt. Er war insofern ein Neuerer, als er als einer der ersten im lateinischen Westen die Texte der arabischen Naturwissenschaft rezipiert hat.[3] Nicht so sehr in der Entdeckung einzelner optischer Gesetze, als vielmehr im Versuch, sie über das bereits Bekannte hinaus mathematisch zu konstruieren, liegt seine Originalität.[4] In seinem *Opus tertium* projektiert er eine mathematisch verfahrende Wissenschaft, die das Entstehen von Bildern und ihrer Wahrnehmung geometrisch konstruieren will. Die Entstehung der Bilder und ihr Auftreffen auf das Auge folgen nach Bacon geometrischen Gesetzen. *„Haec multiplicatio non potest explicari, nec sciri, nisi in lineis, angulis et figuris; et ideo exposui totam multiplicationem secundum omnes differentias linearum, et angulorum, et figurarum, in quibus delectatur natura operari. [...] Et ideo non possunt dari causae rerum naturalium nisi per vias geometriae, quod est summe notandum.“*[5]

Das Programm einer mathematisch zu erkennenden Natur, die dieser Verfahrensweise selbst ontologisch gemäß ist, hat Bacon zwar an verschiedenen Stellen seines Werkes exponiert, aber nur in kleinen Stücken verwirklicht. Gemessen an den neuzeitlichen Verfahren waren die ihm verfügbaren mathematischen Mittel ganz unzureichend. Die neuere Forschung zählt ihn deshalb auch nur bedingt zu den Pionieren der modernen Optik. Dennoch ist es die Leistung seiner Einbildungskraft, eine mathematisch bestimmte Naturwissenschaft überhaupt zu projektieren.

3 D. Lindberg nennt ihn in diesem Zusammenhang einen „pioneer“, während er die Originalität der Baconschen Leistungen sonst eher skeptisch beurteilt. Cf. *Roger Bacon's Philosophy of Nature*, Oxford 1983, S. VI.

4 Cf. hierzu D. Lindberg, *Light, Vision, and the Universal Emanation of Force*, in: J. Hackett, *Bacon and the Sciences*, S. 268, sowie ders., *Roger Bacon and the Origins of Perspectiva in the Middle Ages*, Oxford 1996.

5 Roger Bacon, *Opus tertium*, S. 110f. (Diese Vervielfältigung kann nur durch Linien, Winkel und Figuren erklärt werden; deshalb habe ich die gesamte Vervielfältigung nach allen Unterschieden der Linien, Winkel und Figuren dargestellt, in denen die Natur zu wirken beliebt. [...] Und daher können die Ursachen der natürlichen Dinge nur auf dem Wege der Geometrie angegeben werden, was nachdrücklich anzumerken ist.)

Die *perspectiva* erfüllt indessen in seinem Denken eine wichtige systematische Stelle. Die Ausbreitung des Lichtes ist nach Bacon, getreu neuplatonischem Muster, die Erzeugung von Bildern, die jeweils Abbilder eines früheren Bildes sind, ein Vorgang der sich nach den Gesetzen von Spiegelung und Brechung vollzieht. Ein durch ein Fenster auf die gegenüberliegende Wand eines sonst dunklen Raumes fallender Sonnenstrahl erzeugt nicht nur das Bild eines dem Fenster entsprechenden Rechtecks, sondern erleuchtet auch den Raum. Bacon erklärt das Phänomen damit, daß jeder Punkt des auf der Wand entstandenen Bildes weitere schwächere Bilder von sich selbst erzeugt. Dies ist der einfachste Fall der *multiplicatio specierum*. Der Weg des Lichtes geht aber von der obersten kosmologischen Sphäre, dem *caelum empyreum,* aus und führt durch das Medium der niederen Sphären, vielfach gebrochen, schließlich auf die Erde. Alkindi und auch Grosseteste folgend begreift er die universale Verknüpfung von Ursachen und Wirkungen als kontinuierliche Kraftübertragung, deren hauptsächliches Agens das Licht ist. Da es nach der von Bacon geteilten mittelalterlichen Überzeugung kein Vakuum geben kann[6], verbindet diese Strahlung alle Sphären des Universums miteinander, indem sie dichtere und durchlässigere Medien in verschiedener Weise durchdringt.

Die Wirkungen in der Natur sind demnach durch Strahlungen erzeugt, gehen also letztlich auf die Agilität des Lichtes und damit auf dessen ursprüngliche Quelle zurück. Darin erfüllt das Licht eine zugleich metaphysische und physikalische Funktion. Das Modell der Ausstrahlung und Verbreitung des Lichtes knüpft unmittelbar an zentrale neuplatonische Vorstellungen an; Bacon leitet daraus

[6] Ein Vakuum würde nach mittelalterlicher Ansicht die Existenz des Nichts und damit einen Widerspruch bedeuten. „*[...] in vacuo nulla est proprietas naturae, et ideo non est proportionale naturali multiplicationi rei naturalis. Quare nec multo minus in nichil, ut extra celum, quia non est comparatio alicuius ad nichil nec proportio.*“ (Bacon, *De multiplicatione specierum*, S. 218f. (Im Vakuum gibt es keine der Eigenschaften der Natur; daher ist es der Vervielfältigung der natürlichen Dinge nicht angemessen. Aus diesem Grunde kann es dies im Nichts nicht weniger geben als außerhalb des Himmels, weil es weder eine Verbindung noch ein Verhältnis zwischen dem Nichts und dem Etwas gibt.)

aber physikalische Theorien über die empirische materielle Natur ab. Darin besteht das Eigentümliche seiner Lichttheorie. Die theologischen Grundüberzeugungen sind der Welt der Erscheinungen nicht transzendent, nicht bloße Wahrheiten des Glaubens, dem die Evidenz des rationalen Wissens unvermittelt gegenüberstünde. Sie sind vielmehr ebenso Sätze der Wissenschaft wie die von Mathematik und Naturwissenschaft, die sie begründen. Die Emphase, die Bacon mit der *scientia experimentalis* verbindet, steht dem nicht entgegen. Die Erfahrung bestätigt vielmehr letzthin die Theologie, denn die Erfahrungstatsachen haben Ursachen, die in einer obersten, göttlichen gründen. Die Trennung von empirischem Wissen und spekulativen Vernunftwahrheiten nimmt Bacon deshalb nicht vor. Mehr noch und anders als bei seinen Zeitgenossen sind für ihn Glauben und Wissen eines. Die Theologie bleibt, wie er oft betont, die oberste Wissenschaft, die alle anderen begründet. Freilich hat er nicht etwa die Sakramentenlehre, die Christologie oder die Theorie der Erlösung im Einzelnen mit seiner Naturwissenschaft in Verbindung gebracht, wenn er auch im siebenten, der Moralphilosophie gewidmeten Teil des *Opus maius* die Einhelligkeit von Schöpfungslehre, Eschatologie und der Physik zu demonstrieren sucht.[7] Seine Überlegungen bleiben vielmehr im Bereich der natürlichen Theologie, die er als oberste Wissenschaft von der Natur auffaßt. Die Rede vom Licht ist demnach auch nicht metaphorisch. Heißt es im Johannesevangelium (8,12) „Ich bin das Licht der Welt", so ist dies nach Bacon nicht allein in dem moralischen Sinne zu verstehen, der in den folgenden Worten ausgesprochen wird: „Wer mir nachfolgt, der wird nicht wandeln in der Finsternis, sondern er wird das Licht des Lebens haben."

Wie Metaphysik und Theologie mit der empirischen Wissenschaft zusammenhängen sollen, wird am schon erwähnten Begriff der *species* deutlich. Er bedeutet im Rahmen der Naturwissenschaft primär das Bild im optischen Sinne, ohne seine metaphysischen Konnotationen auszuschließen. Die entstehenden und vergehenden Phänomene der Natur lassen sich nach Bacons Ausführungen zur Optik durch die Einwirkung des Lichtes auf die materielle Natur

7 Roger Bacon, *Opus maius*, Bd. II, S. 235 ff.

erklären. Seine weiteren Überlegungen beziehen sich daher teils auf die Strahlenwege in brechenden Medien, teils auf den rezeptiven Akt des Sehens. Optik hat also die doppelte Seite einer Wissenschaft von objektiven Naturvorgängen und von der Wahrnehmung. Das Sichtbare wird durch die Augen zur bewußten Wahrnehmung, deren subjektiven Charakter Bacon zwar nicht bestreitet, die er aber wie Epikur vor ihm und moderne Naturwissenschaftler nach ihm als einen physiologischen Prozeß deutet. An arabische Autoren, vor allem an Alkindi und Alhacen, aber auch an Avicenna anknüpfend, behandelt er den Sehvorgang als hirnphysiologischen Prozeß: „*Quoniam vero nervi optici, id est, concavi facientes visum, oriuntur a cerebro, atque auctores perspectivae virtuti distinctivae mediante visu ascribunt judicia facienda de viginti speciebus visibilium, [...], nec scitur utrum illa virtus distinctiva sit inter virtutes animae quarum organa sunt in cerebro distincta, multaque alia inferius tractanda supponunt certificationem virtutm animae sensitivae, ideo oportet a partibus cerebri et virtutibus animae inchoare, ut inveniamus ea quae ad visum sunt necessaria.*“[8] Das Licht gelangt durch die Augen und den Sehnerv zum Gehirn, das Bacon als Sitz des Bewußtseins behandelt. Der Gesichtssinn ist als solcher gegenüber den anderen Sinnen höheren Ranges, denn die durch ihn ausgelösten Bewußtseinsvorgänge lassen sich direkt auf die Wirkung des Lichtes zurückführen. Evidenz, Klarheit (Luzidität) verweisen schon sprachlich auf das Licht. Dieses Agens, das die *species* hervorbringt und vervielfältigt, verwandelt sich beim Erkenntnisvorgang in Vorstellungen und Gedanken. „*Nam species quae sunt apud imaginationem multiplicant se in cogitationem licet apud imagina-*

[8] Op. cit., S. 4 (Da aber die Sehnerven, nämlich die hohlen Bahnen, die das Sehen bewirken, vom Gehirn ihren Ursprung nehmen und die über die Optik handelnden Autoren der durch den Gesichtssinn vermittelten Unterscheidungskraft Urteilsfähigkeit über die zwanzig Arten des Sichtbaren zuschreiben, [...] und man nicht weiß, ob diese Unterscheidungskraft zwischen den Seelenkräften besteht, deren Werkzeuge im Gehirn unterschieden sind und vieles andere später zu Behandelnde die Gewißheit über die Seelenkräfte voraussetzt, so muß man mit den Teilen des Gehirns beginnen um herauszufinden, was zum Sehen notwendig ist.)

tionem sint secundum suum esse primum propter phantasiam quae utitur illis speciebus; sed cogitativa nobilius habet species illas, [...] et ideo utitur omnibus virtutibus aliis tanquam suis instrumentis.“[9]

Diese für das neuzeitliche Bewußtsein materialistisch anmutenden Bemerkungen sind jedoch mit der neuplatonischen Grundlinie von Bacons Denken zu vereinbaren, denn es ist ja letztlich das göttliche, alle Materialität transzendierende Licht, das der menschliche Verstand durch Wahrnehmungen und Begriffe in sich aufnimmt. Bacon hat diese Beziehung selbst ausdrücklich hergestellt. In den letzten vier Kapiteln seiner *Perspectiva*, dem der Optik gewidmeten Teil des *Opus maius*, legt er dar, daß alle Gesetze dieser Wissenschaft sämtlich einer spirituellen Interpretation bedürfen. „*Volo nunc et in fine innuere quomodo haec scientia habet ineffabilem utilitatem respectu sapientiae divinae. Et primo considerandum est, quod cum haec scientia res naturales certificat, [...] et per consequens liquet quod caeteras scientias elucidat et declarat, necesse est quod haec scientia sit utilis divinae veritati, propter hoc quod illa requirit notitiam scientiarum et rerum hujus mundi.*"[10]

Der Begriff der *visio* ist demnach keineswegs eine Äquivokation. Seine Bedeutungen sind nach Bacon vielmehr in der Sache vereinigt. Das Sehen im geistigen Sinne des Einsehens und Verstehens geistiger, vor allem theologischer Sachverhalte ist der Grund für das Sehen im physischen Sinne. Geistiges und physisches Sehen stehen in strikter Analogie: „*Octo etiam exiguuntur ad visionem; scilicet lux, distantia et caetera praenotata, et hoc statim occurrit similiter in*

9 op. cit., S. 9.(Die Spezies, welche die Vorstellungskraft begleiten, vervielfältigen sich im Denken, wenngleich sie in der Einbildungskraft nur ihrem ersten Sein nach sind, durch die Phantasie, die sich jener Spezies bedient; aber die Denkfähigkeit hat jene Spezies auf vorzüglichere Weise [...] und benutzt alle anderen Kräfte gleichsam als ihre Werkzeuge.)

10 Op. cit., S. 159. (Jetzt möchte ich zum Schluß angeben, auf welche Weise diese Wissenschaft eine unschätzbare Nützlichkeit für die Gottesweisheit hat. An erster Stelle ist zu bedenken, daß diese Wissenschaft, da sie die über die natürlichen Dinge Gewißheit verschafft [...] und es folglich klar ist, daß sie die übrigen Wissenschaften erleuchtet und aufklärt, so muß diese Wissenschaft für die göttliche Wahrheit nützlich sein, weil sie die Kenntnis der Wissenschaften und der Dinge dieser Welt erfordert.)

visu spirituali per octo beatitudines. Sed aliter patet illud; nam horum octo similia de necessitate requiruntur ad visionem spiritualem: nam sicut nihil videmus corporaliter sine luce corporali, sic impossibile est nos aliquid videre spiritualiter sine luce spirituali divinae gratiae.“[11] Aus moderner Sicht sind die acht *similia* bloße sprachliche Analogien, aber diese neuzeitliche Perspektive ist durch die seither längst radikal vollzogene Trennung von Glauben und Wissen vermittelt. Die Unterschiede in der Einheit der Wissenschaften geht auf die Quellen ihrer Gewißheit zurück, die Bacon wiederum ganz traditionell in einer Stufenordnung darstellt. *„Et cum triplex est visio, scilicet solo sensu, scientia et syllogismo: similiter necesse est homini, ut triplicem habeat visionem. Nam solo sensu pauca cognoscimus et parum, ut lucem et colorem, et haec debiliter, scilicet an sint seu quod sint; sed per scientiam cognoscimus cujusmodi sint quales, an lux solis vel lunae, an color albus vel niger. Per syllogismum quidem cognoscimus omnia quae circumstant lucem et colorem secundum omnia viginti sensibilia communia. Et ideo prima cognitio est debilis, secunda est perfectior, tertia est perfectissima. Similiter accidit in visione spirituali: nam quod homo scit solo sensu proprio modicum est, quoniam indiget duplici cognitione praeter istam, scilicet per doctores a juventute ad senium. Nam semper possumus addiscere per sapientiores nobis. Et ideo tertia cognitione indigemus, quae est per divinam illuminationem.”*[12] Die Erkenntnis-

[11] Op. cit., S. 161f. (Acht Dinge sind zum Sehen erforderlich, nämlich Licht, Abstand und die übrigen vorerwähnten Bedingungen, und dies findet auf unmittelbar ähnliche Weise durch acht Glückseligkeiten in der geistigen Schau statt. Aber dies wird auch noch anders einleuchtend; denn diese acht ähnlichen Dinge sind notwendig für die geistige Schau, denn wie wir körperlich nichts sehen ohne körperliches Licht, so ist es uns auch unmöglich, geistig etwas zu schauen ohne das geistige Licht der göttlichen Gnade.)

[12] Op. cit., S. 162. (Da es ein dreifaches Sehen gibt, nämlich allein durch die Sinnlichkeit, durch die Wissenschaft und durch den Syllogismus, so muß der Mensch entsprechend ein dreifaches Sehen haben. Denn durch den Gesichtssinn allein erkennen wir wenig und nicht ausreichend, so das Licht und die Farbe und diese nur schwach, nämlich ob sie sind und was sie sind; aber durch die Wissenschaft erkennen wir, welcher Art und wie beschaffen sie sind, nämlich ob es sich um das Licht der Sonne

se der Physik sind demnach von denen der Theologie durch spezifische Weisen des Sehens verschieden, aber die *visio corporalis* ist mit der *visio spiritualis* im übergeordneten Genus der *visio* vereinigt.

Die *species,* die durch die Abstraktion vom Akzidentellen als Wesensformen der Dinge festgehalten werden, stehen daher mit den sich vervielfältigenden *species* der Lichtlehre in Beziehung. Ohne daß Bacon sie ausdrücklich zitierte, scheint er an dieser Stelle von der im Mittelalter überall und besonders im Franziskanerorden wirksamen augustinischen Illuminationslehre bestimmt zu sein. [13] Was bei Augustinus freilich als Metapher für den Einfluß des göttlichen Geistes steht, wird bei Bacon seines metaphorischen Charakters entkleidet und in den Rahmen einer positiven Wissenschaft gebracht, deren Aussagen im Experiment zu bestätigen sind.[14] In dieser Verbindung von neuplatonischer Emanations- und Illumi-

oder des Mondes handelt, um weiße oder schwarze Farbe. Durch den Syllogismus jedoch erkennen wir alle Bedingungen des Lichtes und der Farbe nach den zwanzig Arten des Wahrnehmbaren. Daher ist die erste Erkenntnis schwach, die zweite vollkommener, die dritte höchst vollkommen. Das gleiche trifft auf die geistige Schau zu: denn was der Mensch aufgrund des eigenen Sinnes weiß, ist nicht sonderlich viel; daher bedarf er außer dieser einer doppelten weiteren Erkenntnis, nämlich von der Jugend bis zum Alter durch die Lehrer. Denn wir können immer dazulernen durch Weisere als wir selbst. Daher bedürfen wir einer dritten Erkenntnis, die durch die göttliche Erleuchtung geschieht.)

13 Cf. hierzu den instruktiven Überblick über die Geschichte der Lichtmetaphorik bei D. Lindberg, *Roger Bacon's Philosophy of Nature*, Oxford 1983, S. XXXV-LIII. In dieser Darstellung wird deutlich, daß Bacons Theorie der Ausbreitung des Lichtes von Robert Grossetestes Interpretation der Schöpfung als einer Emanation des Lichtes entscheidend beeinflußt ist. Die Entstehung des physischen Kosmos durch den als Licht wirkenden göttlichen Geist präformiert Bacons Einheit von Physik und Metaphysik, die sich in der Optik paradigmatisch zeigt.

14 Mag Plotin noch eine umfassende Lehre von geistiger und materieller Welt intendiert haben, so hat sich das theoretische Interesse bei Augustinus ganz gewandelt. Es ging ihm gerade auch in den Passagen, die das Motiv des Lichtes enthalten, nicht um eine positive Physik, sondern um die zentralen christlichen Dogmen, besonders um die Erlösung.

nationslehre mit aristotelischer Materie-Formlehre liegt ein Widerspruch, der auch bei anderen Autoren der Epoche zu bemerken ist, der aber bei Bacon besonders hervortritt: Einerseits ist die Natur ein geschlossener Kosmos, in dem die göttliche Quelle allen Lichtes universal wirkt, indem sie in allen Übertragungen von Kraft gegenwärtig ist, andererseits können die natürlichen Dinge nach den Regeln der *scientia experimentalis* in ihre materiellen und formellen Bestandteile zerlegt und nach dem Plan einer bewußt konzipierten Versuchsanordnung wieder zusammengesetzt werden.

Auf diesem Gedanken beruht Bacons Bemühung um die Alchemie, die wie die neuzeitliche Chemie die Natur zu Reaktionen zwingt, die sie ohne den Eingriff des Forschers nicht gezeitigt hätte. Sie ist in seinem Denken die Experimentalwissenschaft par excellence, die auf der Freiheit des individuellen Intellekts beruht. Der Fortschritt der Wissenschaft, den Bacon in seinem Werk überall befördern will, beruht demnach auf der Freiheit der produktiven Einbildungskraft, die bloßer Rezeptivität entgegengesetzt ist.

Auch in den optischen Experimenten kommt diese Freiheit ins Spiel. So rekurriert Bacon in seinen Untersuchungen von optischen Täuschungen auf die dem Intellekt des Forschers entspringende und nach seinen Überlegungen variable Anordnung der zu untersuchenden Objekte. So ist die Konstruktion eines Brennspiegels zwar nur nach den Regeln der Geometrie möglich, aber die Tätigkeit des Geometers steht dem Zweck des experimentierenden Forschers nach, welcher je nach der Brennweite des Spiegels nahe oder ferne Ziele nach Belieben in Brand setzen kann. „*Verbi gratia: facere speculum comburens pertinet ad geometriam, quia figuratio determinata requiritur; sed geometria non excogitat hoc opus mirabile, nec usum ejus, sed experimentator, qui vult omne combustibile comburere per hoc speculum ad radios solis, et in omnia distantia qua voluerit.*"[15] Bacon projektiert in diesem Zusammenhang bereits

15 Roger Bacon, *Opus tertium*, S. 45. (Zum Beispiel: Einen Brennspiegel herzustellen, gehört zur Geometrie, weil es eine bestimmte figürliche Vorstellung erfordert. Aber nicht die Geometrie denkt sich dieses Wunderwerk noch seinen Gebrauch aus, sondern der Experimentator, der alles Brennbare durch diesen auf die Sonnenstrahlen gerichteten Spiegel aus jeder beliebigen Entfernung verbrennen will.)

Kriegsgerät, das auf der Wirkung von Brennspiegeln beruht, obwohl er sonst die militärische Nutzung von Erfindungen strikt ablehnt. *„Et certe combustio in omni distantia qua voluerimus, constaret plus quam mille marcas antequam specula sufficientia fierent ad hoc; sed valerent plus quam unus exercitus contra Tartaros et Saracenos. Nam omnem exercitum et castrum contrarium posset experimentator perfectus destruere per hujusmodi combustionem ad solos radios solares, sine alio igne.*"[16]

In seiner Schrift *De multiplicatione specierum* kreisen seine Überlegungen besonders im Kontext der Erklärung irdischer Erscheinungen um die Frage nach deren notwendigen Bedingungen. Wie z.B. der Strahlengang in einer *camera obscura* verläuft, ist durch die Variation der Abstände und Durchmesser der das Licht durchlassenden Öffnungen zu erkennen.[17] Die systematische Veränderung der Parameter bei den hierzu erforderlichen Experimenten ist aber Sache des Forschenden, der zu seinen Erkenntnissen nicht durch bloß passive Aufnahme gelangen kann. Die Optik ist demnach nicht eine Lehre von bloßen Abbildverhältnissen, die sich zwischen objektiven Gegenständen und einem aufnehmenden Vermögen letztlich allein durch die Wirkung des göttlichen Lichtes unwillkürlich herstellen, sondern eine Wissenschaft, in der das erkennende Subjekt selbst konstitutiv tätig ist. Deshalb kann Bacon die Reform der Wissenschaft postulieren, deren Ergebnisse der irdischen Menschheit nützlich sein sollen. Das gilt besonders für die Alchemie und die mechanischen Künste, die Wunderwerke, *opera inaudita*, also in der Natur ohne Zutun des Menschen nicht existierende Dinge hervorbringen können. Ähnliches gilt von der Medizin, die die Symptome des Alterns verzögern, also einen schicksalhaft natürlichen Vorgang beeinflussen kann, um das Leben zu verlängern.

16 Op. cit., S. 46. (Gewiß würde eine solche Inbrandsetzung auf beliebige Entfernung mehr als tauend Mark kosten, bis hierzu ausreichende Spiegel gebaut wären ; aber dies wäre doch mehr wert als ein Heer gegen die Tataren und Sarazenen. Denn der geschickte Experimentator könnte ein Heer und ein feindliches Lager durch eine solche Inbrandsetzung allein durch Sonnenstrahlen zerstören, ohne ein anderes Feuer.)

17 Cf. Bacon, *De multiplicatione specierum*, in: D. Lindberg,. *Roger Bacon's Philosophy of Nature*, S, 156-161.

VI. Alchemie, Technik und Medizin

Roger Bacons Nachruhm vom Spätmittelalter bis in die Neuzeit hat sich vor allem auf die Alchemie bezogen. Zu seiner Legende gehören die Erfindung des Schießpulvers und magische Praktiken; tatsächlich hat er lediglich Überlegungen zu künstlich herbeizuführenden Explosionen angestellt, allerdings ohne die Faktoren der entsprechenden chemischen Prozesse anzugeben.[1] Die Magie hat er stets vehement bekämpft. Die Quelle seines fragwürdigen Renommees ist die *Epistola de secretis operibus artis et naturae, et de nullitate magiae,* die in der Tat ein erstaunliches Dokument darstellt. Es sagt der im Mittelalter weit verbreiteten Magie und dem Aberglauben den Kampf an, um an ihre Stelle wissenschaftliche Naturbeherrschung zu setzen. Die menschliche Kunst *(ars)* vermag nur die Kräfte der Natur anzuwenden, während Wunder auf dem übernatürlichen Wirken Gottes beruhen und die magischen Künste dies nur durch Betrug vortäuschen. Demgegenüber zeigt Bacon ein für die spätere Entwicklung der Naturwissenschaft charakteristisches Selbstbewußtsein. Die Wissenschaft ist sogar stärker als die Kräfte der Natur selbst, wenn sie deren Kräfte ohne mystischen Zauber in ihren Dienst stellt: „*Nam licet naturae potens sit et mirabilis, tamen ars utens natura pro instrumento potentior est virtute naturali, sicut videmus in multis. Quicquid autem est praeter operationem naturae vel artis, aut non est humanum, aut est fictum et fraudibus occupa-*

1 Die eindrucksvollste Stelle, die manche Interpreten dazu veranlaßt hat, Bacon die Erfindung des Schießpulvers zuzusprechen, findet sich im *Opus maius*, Bd. II, S. 218. Hier redet er von dem explosiven Gemisch als einem Kinderspielzeug *(ludicrum puerile).* In den Kapiteln 9-11 der *Epistola de secretis operibus artis et naturae* beschreibt er, wie der Stein der Weisen *(ovum philosophorum)* herzustellen sei. Dabei schreibt er aber vor allem von der Gewinnung von Salpeter, der mit Schwefel und Kohle in einer bestimmten Proportion gemischt, Donner und Blitz hervorrufen kann „*Et sic facies tonitruum et coruscationem, si scias artificium.*" (S. 551) Die Proportion der Stoffe teilt er am Schluß der Schrift in einem Anagramm mit, das der Leser selbst entschlüsseln soll. Cf. hierzu: H.W.L. Hime, *Roger Bacon and Gunpowder*, in: A.G. Little (Hrsg.), *Roger Bacon. Essays.* Oxford 1914, S. 321-335.

tum.“[2] Besonders scharf verurteilt Bacon den Glauben, durch die Anrufung von Geistern Naturerscheinungen beeinflussen zu können. Es sei wissenschaftlich geboten, etwa die Kräfte des Magneten systematisch zu erforschen, statt sie durch Beschwörungen wirken zu lassen. Manche seiner eigenen Vorstellungen sind allerdings ebenfalls dubios. So räumt er Gottesurteilen eine gewisse Berechtigung ein, da sie von Gott oder den Engeln angeordnet seien.[3] Auch der von Priestern vollzogene Exorzismus durch die Verwendung von Weihwasser ist nach Bacon von der eigentlichen Magie zu unterscheiden, denn Praktiken dieser Art seien schon im Alten Testament erwähnt und seither von ernst zu nehmenden Männern ausgeübt worden. Hier setzt Bacon, im Gegensatz zum ganzen Duktus seines Denkens, auf die Autorität des Überkommenen, die ihm – auch das ist mittelalterlich – zuweilen Beweis genug ist. In diesen Wendungen, die dem neuzeitlichen Bewußtsein widersprüchlich erscheinen, zeigt sich, wie mühsam die Geburt der modernen Wissenschaft war. In der Epoche des von Kant so genannten Herumtappens war der „sichere Gang der Wissenschaft“[4] noch nicht etabliert, geschweige denn durch Institutionen gesichert. Es waren die Erfahrungen Einzelner, die ihre Erkenntnisse oft nicht veröffentlichen konnten, wenn sie theologisch approbierten Lehrmeinungen widersprachen. Auch Bacons alchemistische Experimente mochten seinen Oberen als Teufelsblendwerk erschienen sein.

Bacons Antizipationen moderner Wissenschaft und Technik sind indes nur sehr abstrakt. Im Gegensatz zu den metaphysischen

[2] Roger Bacon, *Epistola de secretis operibus artis et naturae, et de nullitate magiae*, in J.S Brewer, op. cit, S. 523. (Wenn auch die Natur mächtig und wunderbar ist, so ist doch die Kunst, die sich der Natur als Werkzeugs bedient, mächtiger als die Naturkräfte, was wir an vielen Dingen sehen. Was es aber außer der Wirkung der Natur und der Kunst gibt, das ist entweder nicht menschlich oder Erfindung und Schwindel.)

[3] Op. cit., S. 526. Bei Prozeduren dieser Art wurde etwa eine des Ehebruchs verdächtige Frau gefesselt und durch Steine beschwert in einen Fluß geworfen. Gott sollte urteilen, indem er die Beschuldigte entweder, nach dem gewöhnlichen Lauf der Natur, ertrinken ließ und damit schuldig sprach oder sie durch ein Wunder rettete und damit ihre Unschuld erwies.

[4] I. Kant, *Kritik der reinen Vernunft*, Vorrede zur zweiten Auflage, B XIV.

Reflexionen zur Grundlegung der Naturwissenschaft, die sich in den *Communia naturalium* finden, bleiben die erwünschten Anwendungen, auf deren *utilitas* Bacon so großen Wert legt, zumeist bloßes Postulat. Anders als später Leonardo da Vinci hat er die Flugzeuge, Automobile und U-Boote, die er für möglich hielt, nicht durch Konstruktionszeichnungen oder Berechnungen entworfen, sondern nur aus der Vorstellung heraus beschrieben. Die Antriebskraft eines solchen Flugzeugs ist *aliquod ingenium*, ein nicht näher bestimmtes Agens, das jedoch nicht auf Magie beruhen soll, so wenig wie der Motor eines Schiffes, das keine Ruderer braucht oder der Wagen, der *cum impetu inaestimabili*, ohne animalische Muskelkraft, fahren soll.[5] Ausführlicher sind Bacons Überlegungen zur

5 Die in der Literatur meist nur ungefähr zitierte Stelle lautet in ihren wichtigsten Passagen: „*Nam instrumenta navigandi possunt fieri sine hominibus remigantibus, ut naves maximae, fluviales et marinae, ferantur uno homine regente, majori velocitate quam si plenae essent hominibus. Item currus possunt fieri ut sine animali moveantur cum impetu inaestimabili, ut aestimamus currus falcati fuisse, quibus antiquitus pugnabatur. Item possunt fieri instrumenta volandi, ut homo sedeat in medio instrumento revolvens aliquod ingenium, per quod alae artificialiter compositae aërem verberent, ad modum avis volantis. [...] Possunt etiam instrumenta fieri ambulandi in mari, vel fluminibus, usque ad fundum absque periculo corporali. [...] Et infinita quasi talia fieri possunt; ut pontes ultra flumina sine columna, vel aliquo sustentaculo, et machinationes et ingenia inaudita.*“ (Roger Bacon, *De secretis operibus artis et naturae et de nullitate magiae*, S. 533. (Es können nämlich Navigationsmaschinen ohne Ruderer hergestellt werden, sowie große Fluß- und Meeresschiffe, die nur von einem einzigen Menschen gesteuert werden und schneller sind als wenn sie voller Menschen wären. Ebenso können Wagen gemacht werden ohne daß sie von Tieren bewegt würden und mit einem ungeahnten Antrieb. [...] Ebenso können Flugmaschinen gebaut werden, so daß ein Mensch in der Mitte der Maschine sitzt und irgendeine Einrichtung auslöst, durch die künstlich hergestellte Flügel die Luft schlagen nach der Art eines fliegenden Vogels. [...] Es können auch Instrumente gebaut werden, mit denen man auf dem Boden von Meeren und Flüssen ohne körperliche Gefahr gehen kann. [...] Und unzählige derartige Dinge kann man machen, wie Flußbrücken ohne Stützsäulen und andere Haltevorrichtungen und andere noch nie dagewesene Maschinen und Erfindungen.)

Konstruktion von Brennspiegeln und Linsen, am meisten aber hat ihn in die Alchemie beschäftigt. Daher ist es für eine gerechte Bestimmung seines geistigen Kosmos notwendig, seine Vorstellungen zu dieser Wissenschaft zu skizzieren.[6]

Die Alchemie versucht, die in Antike und Mittelalter allgemein verbreitete Lehre von den vier Elementen, aus denen alle Stoffe der Natur zusammengesetzt und gemischt sein sollten, praktisch nutzbar zu machen, indem künstliche Eingriffsmöglichkeiten in das Verhältnis der Elemente in konkreten Stoffen erkundet wurden. Ein traditionelles spekulatives Modell der Naturphilosophie wurde damit empirisch auf die Probe gestellt. Die Alchemie galt immer noch als Philosophie, welche die „Elementa spekulieren" wollte, indem sie sie in Destillationsapparaten, Tiegeln, Aludelen Athanoren, Phiolen und Mörsern aufeinander wirken ließ. Erde, Wasser, Luft und Feuer galten als die Grundbestandteile der Materie, denen allerdings auch Formen entsprechen sollten. Die den Elementen gemeinsame Materie, die berühmte *quinta essentia*, ist zumindest in der sublunarischen Sphäre in steter Veränderung begriffen. Sie strebt nach der Form, die mit ihr in vollkommener Harmonie ein unveränderliches Sein zum Ergebnis hat. Die Veränderlichkeit der irdischen Stoffe, die nach dem Grundsatz *generatio unius est corruptio alterius* bald entstehen, bald vergehen, zeugt von einem in der Potenz der Materie selbst gründenden *appetitus et conatus vehemens*, von unvollkommener Vereinigung mit unangemessenen Formen zu vollkommeneren und beständigeren zu gelangen. In der Materie liegen die *rationes seminales,* die sie geradezu zur Vervollkommnung streben lassen. Dieser ursprünglich stoische Begriff begründet bei Bacon eine Veränderung seiner grundsätzlich aristotelischen Metaphysik. Die Spezies sind danach auch unter diesem Gesichtspunkt nicht vollkommen statisch. Es eröffnet sich sogar die Perspektive einer Evolution in der Natur, ein Gedanke, der

6 Cf. hierzu den Überblick von W.R. Newman *An Overview of Roger Bacon's Alchemy*, in J. Hackett (ed.), *Bacon and the Sciences*, S. 317-336. Außerdem M.M. Pattison Muir, *Roger Bacon: His Relations to Alchemy and Chemistry*, in: A.G. Little (Hrsg.), *Roger Bacon. Essays*, Oxford 1914, S. 285-320.

erst in der Neuzeit zu einem Leitfaden der Wissenschaft wurde.[7] „*Principium enim motus intra hic non movet per transmutacionem et accionem efficiendi, set per modum desiderandi et amandi perfeccionem, quia per potenciam activam seu privacionem materia appetit formam et amat mulier virum et turpe bonum. [...] Hiis visis, facile est assignare raciones seminales in materia [...], quia racio seminalis et potencia idem est penitus, unde racio seminalis est ipsa essencia materie incompleta que potest promoveri in complementum, sicut semen in arborem.*“[8]

Der Materie, nach Aristoteles reine Potentialität, hat also nach Bacon innere Kräfte, die teleologisch ausgerichtet sind. Ist die *ratio seminalis* Potenz, so ist sie negativ bestimmt, das was die Materie nicht ist, aber in definierter Weise erstrebt. Im Kontext des Baconschen Denkens ist dies eine Folgerung aus dem neuplatonischen Schema von *exitus* und *reditus*, des Ausgangs des vielfältigen Seienden aus dem einen Ursprung und dessen Rückkehr in ihn als seine Vollendung. Unter Preisgabe des neuplatonischen Hintergrundes entwickelt sich aus diesem Gedanken in der neuzeitlichen Geschichte der Chemie der Gedanke der Affinität, durch die die chemischen Reaktionen meßbar in Gang gesetzt werden. Die Negativität der *rationes seminales* ist nicht bloßes Nichtsein, sondern Kraft, deren Begriff Bacon freilich physikalisch nicht näher bestimmt. Dies blieb der Renaissance und der frühen Neuzeit vorbehalten.

7 Cf. G. Mensching, *Metaphysik und Naturbeherrschung im Denken Roger Bacons*, in: A. Zimmermann (Hrsg.), *Mensch und Natur im Mittelalter*, Berlin/New York 1991 (Miscellanea Mediaevalia Bd. 21), S. 135.

8 Roger Bacon, *Communia naturalium*, op. cit., S. 84. (Das innere Bewegungsprinzip bewegt nicht durch eine Transmutation und einen Vorgang des Bewirkens, sondern auf dem Wege des Erstrebens und Verlangens nach Vollkommenheit, denn durch eine aktive Kraft oder die Privation erstrebt die Materie die Form und liebt die Frau den Mann und das Schändliche das Gute. [...] Wenn man dies im Auge hat, ist es leicht, die Keimgründe in der Materie zu bezeichnen. [...], denn der Keimgrund und die Potenz sind ganz dasselbe. Daher ist der Keimgrund selbst das unvollständige Wesen der Materie, das zu seiner Erfüllung gebracht werden kann, wie der Same zum Baum.)

Bacon hat die Elementenlehre mit der aristotelischen Theorie von Form und Materie zu verbinden versucht.[9] Formen und Materien entsprechen hiernach einander in mehrfacher Weise. Die Elemente sind durch Formen bestimmt, der für sie passende Materien korrespondieren. Da die Dinge aber aus den Elementen gemischt und dennoch substantiell sind, müssen ihnen spezifische Formen zukommen, die dem materiellen Mischungsverhältnis der Elemente in den Dingen entsprechen. „*Et est intelligendum quod sicut in elemento sunt materia simplex et forma simplex, ita in mixto est materia mixta et forma mixta. Et a parte utriusque sunt illae duae naturae mediae, ita quod in materia mixta sunt duae naturae mediae materiales, sed una est in potentia ad aliam. Similiter a parte formae mixtae sunt duae materiales mediae , sed una est in potentia ad aliam; et tota materia, quae fit una propter hoc, quod una natura ejus est in potentia ad aliam, fit in potentia ad totam formam mixti.*"[10] Die jeweiligen Mischungsverhältnisse sind also zugleich materiell und formell. Beide Seiten verhalten sich dann nochmals als Potenz und Akt zueinander.

Dieses ohnehin komplizierte Verhältnis wird dadurch noch verwickelter, daß Bacon die Theorie vertritt, die *prima materia* sei nicht schlechthin einheitlich, weil die Unterschiede der Dinge sonst keine Substantialität hätten. Daraus ergibt sich das Problem, welches nun das letzte Irreduzible in der Natur sein sollte: die Elemente und deren Qualitäten oder die ihnen zugrundeliegende Materie, die zu den Unterschieden der vier Elemente in Potenz steht.

9 Anneliese Maier hat festgestellt, daß diese beiden Momente im gesamten Mittelalter nie stimmig miteinander verbunden worden sind. Cf. die Untersuchung *Die Struktur der materiellen Substanz* in: A. Maier, *An der Grenze von Scholastik und Naturwissenschaft*, 2. Aufl., Rom 1952, S. 3 ff.

10 Roger Bacon, *Opus minus*, in J.S. Brewer, op. cit., S. 367. (Es ist zu bedenken, daß wie in einem Element einfache Materie und einfache Form enthalten sind, so in einem gemischten Körper eine gemischte Materie und eine gemischte Form. Und in jeder der beiden sind jene beiden mittleren Naturen, dergestalt daß in der gemischten Materie zwei mittlere materielle Naturen enthalten sind, aber eine in Potenz zur anderen steht, und die gesamte Materie, die deshalb zu einer wird, weil eine Natur zur anderen in Potenz steht, steht selbst in Potenz zur gesamten Form des gemischten Körpers.)

Im ersteren Fall handelte es sich um vierfach geformte Materie; es gäbe also vier gleichursprüngliche Entitäten, deren spezifische Bestimmungen sich zudem wie Potenz und Akt zueinander verhielten. Im letzteren Falle läge die unterschiedslose erste Materie allem Seienden zugrunde und die Formen der Elemente wären nicht letzte irreduzible Bestimmungen der Natur. Es könnte auch nicht gesagt werden, warum es nicht mehr als vier Elemente gibt.

Formen und Materien gemischter Dinge sind jeweils ein Mittleres von Extremen, die Bacon in den konträren Eigenschaften annimmt. Sind aber die Formen und Materien der Elemente, die bei der Entstehung eines substantiellen Dinges zusammenwirken, selber primär substantiell, so muß in deren Mischung eine Steigerung *(intensio)* des einen und ein Nachlassen des anderen *(remissio)* stattfinden. „*Item mixtio contrariorum elementorum, ut fiat mixtum ex eis, fit per remissionem miscibilium in unam naturam compositam ex eis.*“[11] Soll die Verbindung substantiell sein, dann kann die Veränderung der Elemente nicht bloß akzidentell, ein Wechsel der äußeren Eigenschaften, sein. „*Set si nichil remitteretur nisi accidens ex parte eorum, nullum compositum generaretur nisi accidens, ergo generacio mixti non esset generacio substancie, set solum accidentis, quod est ipossibile.*“[12] Einen Maßstab, nach dem dieses Mehr oder Weniger quantifiziert werden könnte, hat Bacon nicht angegeben. Er hat freilich die Entstehung des *compositum* als einer gradweise zur Vollkommenheit strebenden Vereinigung im Auge, ein Gedanke, der nicht nur für die Individuen einer Spezies, sondern für die Spezies selber zutreffen soll und auch an dieser Stelle die Perspektive einer Evolutionstheorie enthält, die Bacon gerade deshalb nicht verfolgen kann, weil er noch fest der aristotelischen Substanzenmetaphysik verpflichtet ist.[13]

Beim Entstehen der Dinge bilden sich nach Bacon die *humores*, die für die belebte und für die unbelebte Natur bestimmend sind.

11 Roger Bacon, *Communia naturalium,* op. cit., S. 243. (Die Mischung entgegengesetzter Elemente geschieht durch ein Nachlassen der zu mischenden Elemente zu einer aus ihnen zusammengesetzten Natur, so daß eine Mischung aus ihnen entsteht.)

12 L.c.

13 Cf. hierzu A. Maier, op. cit., S. 46f.

„*Hic autem volens ponere radicalem generationem rerum ostendam quomodo ex elementis generantur humores, et ex humoribus omnia inanimata vegetabilia et animalia et homines.*“[14] Die *humores* spielten besonders bei der Anwendung der Alchemie in der Medizin eine große Rolle, wurden doch die Lebensprozesse, in vielem zutreffend, auf das Wechselspiel der Körperflüssigkeiten zurückgeführt. Für die alchemistische Praxis sollte daraus folgen, daß die Proportionen der Elemente in den Dingen veränderbar sind, so daß der natürliche Prozeß der *generatio rerum* künstlich unter bestimmten Bedingungen zu reproduzieren ist. Ziele waren die Herstellung von Dingen und Effekten, die in der sich selbst überlassenen Natur nicht entstehen, der Stein der Weisen, das Allheilmittel Panazee und die Verlängerung des menschlichen Lebens, die *retardatio accidentium senectutis.* Außerdem wollte man das *opus magnum* vollbringen, unedle Stoffe in Gold und Silber transmutieren.

Der Prozeß hierzu führte in vielen Stufen[15] über die Eigenschaften der vier Elemente, die durch Farben symbolisiert wurden. Das Schwarze entsprach der Erde, das Gelbe dem Feuer als dem edelsten Element. Gold, das eine gelbe Farbe hat, muß also einen dominierenden Anteil am Element Feuer in sich enthalten. Eine wesentliche Aufgabe bestand darin, die Elemente eines Ausgangsstoffes, vor allem durch Destillation, zu trennen, um sie in der gewünschten Weise miteinander zu vereinigen. So stand etwa Schwefel seiner gelben Farbe wegen dem Golde näher als Kohlenstoff, der aufgrund seiner Schwärze vom Element Erde bestimmt sein sollte. Die Edelmetalle Gold und Silber wurden von den Al-

14 Op. cit., S. 359. (Hier, wo ich die Entstehung der Dinge von Grund auf darstelle, werde ich zeigen, wie aus den Elementen die Lebenssäfte entstehen und aus den Lebenssäften alle unbeseelten Pflanzen, Tiere und Menschen.)

15 Bacon beruft sich hier und an vielen anderen Stellen auf die pseudoaristotelische Schrift „*Secretum secretorum*“, in der er die alchemistischen Lehren des vermeintlichen Autors überliefert glaubt. Hier wird die Goldherstellung über vierundzwanzig oder mehr Stufen gelehrt. Je nach dem Anteil anderer Stoffe, z.B. Silber, bemißt sich der Grad der Vollkommenheit des Goldes. Cf. Roger Bacon, Opus *maius*, Bd. II, S. 214 f.

chemisten nicht nur wegen ihres Geldwertes, sondern wegen ihres hohen Anteils an den nach oben strebenden Elementen Feuer und Luft in die oberen Ränge der Stoffe versetzt.

Durch die alchemistische Transmutation der Stoffe sollte auch der berühmte Stein der Weisen gewonnen werden, der zu vielerlei alchemistischen Operationen dienen und vor allem in der Medizin eingesetzt werden sollte. Der Ausgangsstoff sollte tierisches Blut sein, in dem alle Elemente vertreten sind, so daß es geradezu als der *minor mundus* galt. Die praktische Alchemie sollte mit der Aufteilung der Elemente aus diesem Stoff beginnen. „*Accipe ergo lapidem animalem, vegetabilem, et mineralem, qui non est lapis, nec habet naturam lapidis. Et iste lapis assimilatur quodammodo lapidibus moncium minerarum, et plantarum, et animalium: Et reperitur in quolibet loco et in quolibet tempore et in quolibet homine: Et convertabilis in quemlibet colorem: Et in se continet omnia elementa: Et dicitur minor mundus. [...] Divide ergo ipsum in quatuor partes: quelibet pars habet unam naturam. Deinde compone ipsum equaliter et proporcionaliter, ita quod non sit in eo divisio nec repugnancia, et habetis propositum Domino concedente.*“[16] Der Stein der Weisen, der aus diesen Prozeduren entstehen soll, findet nicht nur in der Veredelung der Metalle, sondern auch in der Medizin Anwendung, wo er unter anderem die Verlängerung des menschlichen Lebens bewirken soll. Das gleiche gilt für das legendäre Elixir, einen Trank, der ebenfalls das Altern verhindern soll.

16 Roger Bacon, *Secretum secretorum*, in: R. Steele (Hrsg.), *Opera hactenus inedita Rogeri Baconis*, Fasc. 5, Oxford 1920, S. 114f. (Nimm also einen animalischen, vegetabilischen und mineralischen Stein an, der kein Stein ist und auch nicht die Natur eines Steines hat. Und dieser Stein gleicht sich in gewisser Weise den Steinen der mineralischen Berge, den Pflanzen und Tieren an. Und er ist an jedem Ort, zu jeder Zeit und in jedem Menschen zu finden. Und kann jede Farbe annehmen. Und enthält in sich alle Elemente. Und wird die Welt im Kleinen genannt. [...] Teile also diesen Stein in vier Teile: jeder Teil wird eine eigene Natur haben. Setze ihn dann gleichmäßig und im richtigen Verhältnis zusammen, so daß in ihm keine Teilung und kein Gegensatz enthalten ist, und du wirst das Gewünschte erhalten, wenn Gott es zuläßt.)

Die Wissenschaft, die die Rezeptur zur Herstellung dieser Stoffe entwickelt, ist für Bacon ebenso wie für andere Alchemisten eine Geheimwissenschaft. Nur wenige kennen das *secretum alkimiae.*[17] Dabei soll es aber nach Bacon nicht bleiben. Anders als die früheren und vor allem die späteren Vertreter des Hermetismus, die nicht nur neue Stoffe, sondern auch Lebewesen und sogar einen künstlichen Menschen, den Homunculus oder den Golem, herstellen wollten, will Bacon seine Naturwissenschaft zum allgemein zugänglichen Wissen machen und beklagt sich an vielen Stellen über die Ignoranz des *vulgus,* zu dem er vor allem die Absolventen eines damals üblichen Universitätsstudiums zählt. Seine Alchemie beruht nicht auf einer speziellen Offenbarung, die etwa durch Hermes Trismegistos vermittelt wäre, auf den er sich auch nirgends beruft. Sie will nicht verschüttetes Urwissen in kleinen Zirkeln Eingeweihter wiederbeleben, sondern Neues entdecken. Insofern ist Bacons *scientia experimentalis* auf das künftige Wissen gerichtet und pflegt nicht, wie der esoterische Hermetismus, eine „alternative, dezidiert rückwärts gewandte Wissenskultur".[18]

Rationale Allgemeinverbindlichkeit soll Bacons Wissenschaft insbesondere durch die mathematische Methode erhalten. Auch hierin unterscheidet sie sich scharf von den hermetischen Strömungen, die sich allenfalls auf kabbalistische Zahlenspekulationen, nicht aber auf das geometrische Verfahren stützen.[19] Kalkulation

[17] Cf. Roger Bacon, *Opus tertium,* in: J.S. Brewer, op. cit., S. 41: „*Et etiam pauci sunt qui sciant destillare bene, et sublimare, et calcinare, et resolvere, et hujusmodi opera artis facere, per quae omnes res inanimatae certificantur, et per quae certificantur alkimia speculativa, et naturalis philosophia, et medicina.*" (Nur wenige wissen gut zu destillieren, zu sublimieren, auszuglühen, Lösungen herzustellen und derartige Kunstgriffe zu vollbringen, durch die alle unbelebten Dinge untersucht werden und durch die auch die spekulative Alchemie, die Naturphilosophie und die Medizin zur Gewißheit gelangen.)

[18] Auf diese Weise charakterisiert Jan Assmann die bis in die Spätantike zurückreichende hermetische Tradition. Cf. sein Vorwort zu dem Buch von Florian Ebeling, *Das Geheimnis des Hermes Trismegistos. Geschichte des Hermetismus von der Antike bis zur Neuzeit,* München 2005, S. 14.

[19] Wahrscheinlich meint Bacon die hermetischen und kabbalistischen Praktiken, wenn er an verschiedenen Stellen gegen die *characteres* po-

und geometrische Konstruktion empfiehlt Bacon nicht nur der Physik, sondern sogar der Theologie. Die mathematische Beweismethode, die Bacon zwar mehr postuliert als im einzelnen angewandt hat, stellt einen ersten Vorschein der modernen Wissenschaft dar. „*Et ideo in sola mathematica sunt demonstrationes potissimae per causam necessariam. Et ideo solum ibi potest homo ex potestate illius scientiae devenire ad veritatem.*“[20] Wenngleich Bacon die Nützlichkeit der Mathematik besonders ausführlich an Beispielen aus der Optik demonstriert, so hat er die Alchemie doch nicht von dieser Methode ausnehmen wollen. Der universale Anspruch, mit mathematischen Mitteln alle Naturverhältnisse aufschließen zu können, gilt auch für die Wissenschaft, die sich mit der Verwandlung der Stoffe beschäftigt.

Diese Wissenschaft und besonders ihre medizinische Anwendung ist für das Gemeinwesen von großem Nutzen und verdient deshalb öffentliche Förderung, derentwegen sich Bacon ja an den Papst wandte. Sie verbessert und verlängert nämlich das menschliche Leben. „*Est autem alkimia operativa et practica, quae docet facere metalla nobilia, et colores, et alia multa melius et copiosius per artificium, quam per naturam fiant.*“[21] Die durch Wissenschaft an-

lemisiert und den Gebrauch von magischen Zeichen und womöglich Zahlen als Betrug brandmarkt. (Cf. *De secretis operibus artis et naturae*, S. 525ff.) Das 8. Kapitel dieser Schrift wendet sich direkt gegen die Geheimhaltung und Verschlüsselung von Zeichen und Worten, ein Verfahren, das er allerdings selbst im Falle des Schießpulvers verwendet. (s. Anm. 1) In diesem Zusammenhang tadelt er sogar Aristoteles, der zu solchem Vorgehen in dem Werk *Secretum secretorum* geraten habe. Die Schrift ist allerdings unecht und vom Hermetismus stark beeinflußt. (Cf. op. cit., S. 542ff.) Wie sehr die Wissenschaft Bacons von der hermetischen Tradition verschieden ist, zeigt indirekt F. Ebeling in seiner Geschichte des Hermetismus, Cf. F. Ebeling, op. cit.

20 Roger Bacon, *Opus maius*, Bd. 1, S. 106. (Und allein in der Mathematik gibt es die schlüssigsten Beweise aus dem notwendigen Grunde. Daher kann der Mensch nur hier durch die Kraft dieser Wissenschaft zur Wahrheit gelangen.)

21 Op. cit., S. 40. (Es ist also die operative und praktische Alchemie, die uns lehrt, Edelmetalle, Farben und anderes besser und reichlicher künstlich herzustellen als es durch die Natur geschieht.)

geleitete Naturbeherrschung vermag mehr als die sich selbst überlassene Natur. Diese in zeitgenössischen Ohren durchaus häresieverdächtige Überzeugung führt über den von Gott gesetzten Rahmen der Schöpfung hinaus. Das göttliche Geheiß an die Menschen, sich die Erde untertan zu machen, (Gen.,1,27), könnte eine solche Wissenschaft decken, aber an dieser Bibelstelle ist nur von der Aneignung der Früchte der göttlichen Schöpfung die Rede, nicht aber von Eingriffen in deren Substanz. Dies wäre eine sträfliche Anmaßung göttlicher Schöpfermacht. Die Naturbeherrschung, die Bacon im Auge hat, war nur durch den Nutzen zu rechtfertigen, den die Menschheit durch die Anwendung der Wissenschaft haben würde: *„Et hujusmodi scientia est major omnibus praecedentibus, quia majores utilitates producit. Nam non solum expensas et alia infinita reipublicae potest dare, sed docet invenire talia, quae vitam humanam possunt prolongare."*[22]

Die Aufgabe der Medizin ist es seit jeher, Krankheiten zu heilen und dadurch das Leben zu verlängern. Bacons Verstellungen einer wissenschaftlichen Medizin gehen aber darüber hinaus. Die Medizin sollte durch eine generelle Verbesserung der Gesundheitsvorsorge den Eintritt in das Greisenalter überhaupt hinausschieben. Der frühe Tod ist also nicht ein von Gott verhängtes Schicksal, sondern von den Menschen vielfach selbst verursacht. *„Sed nos morimur citius longe quam deberemus, et hoc per defectum regiminis sanitatis a juventute, et propter hoc quod patres nostri dant nobis complexionem corruptam, propter eundem defectum regiminis sui; unde senectus citius contingit et mors ante terminos, quos Deus constituit nobis."*[23]

[22] l.c. (Eine solche Wissenschaft ist allen vorhergehenden überlegen, weil sie mehr Nützliches hervorbringt. Denn sie kann dem Staat nicht nur Reichtum und ungezählte andere Dinge verschaffen, sondern sie lehrt auch solche Dinge zu erfinden, die das menschliche Leben verlängern.)

[23] l.c. (Wir sterben aber viel früher als wir müßten, wegen der fehlenden Gesundheitspflege von Jugend auf und zwar deshalb, weil unsere Eltern uns eine verderbte körperliche Verfassung geben, wegen des gleichen Fehlers in ihrer eigenen Lebensweise. Daher tritt das Greisenalter schneller ein, und der Tod kommt vor dem Zeitpunkt, den Gott uns bestimmt hat.)

Ein Teil der Empfehlungen, die Bacon zur Behebung dieses Mißstandes gibt, liest sich wie moderne Gesundheitsbücher. So werden gesunde Speisen und Getränke und eine darauf hinwirkende Erziehung als Bedingungen eines langen Lebens angegeben. „*Et hoc regimen consistit in temperato usu cibi et potus, motus et quietis, somni et vigiliae, evacuationis et retentionis, aeris et passionum animae. Quod si a nativitate homo haberet sufficiens regimen usque ad finem vitae, tunc veniret ad terminum vitae quem Deus et natura constituerunt.*“[24]

Andere der Medizin gewidmete Textstellen sind von der modernen Medizin weit entfernt. Als Mittel gegen das Altern wird eine Mischung aus dem Gold nahestehenden Stoffen *(quarto gradu temperatum)* empfohlen: „*Et ideo dicit experimentator bonus in libro de Regimine Senum, quod si illud quod est in quarto gradu temperatum, et quod natat in mari, et quod vegetatur in aere, et quod mari projicitur, et planta Indiae, et quod est in visceribus animalis longae vitae, et duo repentia quae sunt esca Tyrorum et Aethiopum, praepararentur et adhiberentur, ut oportet [...], multum posset vita hominis prolongari, et passiones senectutis et senii retardari et mitigari.*“[25] Im selben Zusammenhang wird sogar das Fleisch fliegender Drachen aus Äthiopien als Mittel gegen die Beschwerden des Alters empfohlen. Heilsam sei außerdem das in guter Heilungsabsicht

24 Roger Bacon, *Opus maius*, Bd. II, S. 205 f. (Diese Lebensweise besteht im mäßigen Gebrauch von Speisen und Getränken, [einem ausgewogenen Verhältnis] von Bewegung und Ruhe, Schlafen und Wachen, Entleerung und Festhalten, der Luft und der seelischen Regungen. Wenn der Mensch von Geburt an eine zuträgliche Lebensweise bis zum Ende des Lebens hätte, dann gelangte er zu dem Endpunkt seines Lebens, den Gott und die Natur bestimmt haben.)

25 op. cit.,S. 210. (Daher sagt ein guter Experimentator in dem Buch *De Regimine Senum* daß wenn das, was in viertem Grade temperiert ist [Gold] und das, was im Meere schwimmt, und was in der Luft lebt und was vom Meere ausgeworfen wird und die Indische Pflanze [Lupinenart?] und was in den Gedärmen langlebiger Tiere sich befindet und zwei Bestandteile der Speise der Tyrer und Aethiopier richtig zubereitet und angewendet würden [...] dann könnte das menschliche Leben um vieles verlängert werden und die Leiden des Alters und der Greise konnten verzögert und gemildert werden.)

gesprochene Wort, das vom Kranken vertrauensvoll aufgenommen wird. Die Natur gehorche nämlich den Äußerungen der *anima intellectiva*: „*Et opus animae rationalis praecipuum est verbum, et in quo maxime delectatur. Et ideo cum verba proferuntur profunda cogitatione et magno desiderio, et recta intentione, et cum forti confidentia, habent magnam virtutem.*“[26] Bacon muß sich an dieser Stelle von der Magie abgrenzen, deren Praxis der Zauberworte und -zeichen er so scharf, an einer Stelle sogar als „religiösen Betrug“ *(fraus religionis)*[27], verurteilt. Im übrigen hält er die jeweilige Sternkonstellation im Sinne der Astrologie für einen wichtigen Heilungsfaktor. Hier verstrickt er sich allerdings erneut in Widersprüche, die in ein und demselben Werk, dem *Opus tertium*, offen zutage treten. Einerseits weist er die Astrologie als Aberglauben zurück[28], andererseits spricht er den Konstellationen unter anderen

26 Roger Bacon, *Opus tertium*, S. 96. (Das vorzüglichste Werk der Seele ist das Wort, das sie auch am meisten erfreut. Wenn also Worte aus tiefer Einsicht, mit großem Wunsch, mit ehrlicher Absicht und mit starkem Vertrauen gesprochen werden, dann haben sie große Kraft.)

27 Roger Bacon, *Opus maius*, Bd. III, S. 31 f.

28 Roger Bacon, *Opus tertium*, S. 27. Hier spricht er von „*astronomia [...] superstitiosa*“, die den Dingen und dem freien Willen die Notwendigkeit aufzwinge: „*Et haec sola maledicta imponit necessitatem rebus et libero arbitrio.*“ (Und diese verfluchte [Astronomie] legt den Dingen und dem freien Willen Notwendigkeit auf.) Daß sich diese Form des Aberglaubens auch mathematischer Mittel bedient, kann ihre Unwissenschaftlichkeit nicht beheben. In seinen *Communia mathematica* bringt Bacon dies deutlich zu Ausdruck: „[...] *mathematica dicitur dupliciter. Una est pars philosophie et alia inter magicas et erroneas stultitias computatur. Nam illa que erronea est nec est pars philosophie nec alicujus sapientiae. Imponit enim necessitatem libero arbitrio, ut homo natus in tali constellatione sit castus necessario, alius sit luxuriosus in alia constellatione natus, et sic de aliis moribus et fortunis et de omnibus actibus docet, quod a virtute stellarum necessitas sit confirmata, ut nichil valeat racio nec consilium nec gracia dei, nec temptacio dyaboli noceat homini in hac vita. (Opera hactenus inedita,* hrsg. v. R. Steele, Fasc. XVI, S. 3 (Unter Mathematik versteht man zweierlei. Die eine ist Teil der Philosophie die andere zählt unter die magischen und törichten Irrtümer. Diese irrende [Mathematik] ist kein Teil der Philosophie noch einer anderen Wissenschaft. Sie legt nämlich dem freien Willen Notwendigkeit auf, so daß ein

Momenten einen Einfluß zu, den der erfahrene Arzt nicht vernachlässigen sollte.[29] In dem geschlossenen Weltbild der Zeit sollte freilich ein ununterbrochener Wirkungszusammenhang aller Sphären und Stoffe der Natur bestehen. Das schloß auch die Einwirkung der Sterne auf die Erde und damit auf den Menschen ein. Dem Determinismus, dem mit der Astrologie die Tür geöffnet wurde, stand nicht nur bei Bacon, sondern auch bei den meisten anderen Autoren der Epoche die Überzeugung von der Freiheit des Willens entgegen.[30]

unter einer bestimmten Konstellation geborener Mensch notwendig züchtig, ein anderer, unter anderer Konstellation geborener ausschweifend wäre und entsprechend in Bezug auf andere Sitten und Schicksale. Über alle Handlungen lehrt sie, daß die Notwendigkeit von der Kraft der Sterne bestimmt sei, so daß weder Vernunft und Ratschlag noch die Gnade Gottes etwas wert wären, noch die Versuchung des Teufels dem Menschen in diesem Leben schaden könnten.)

29 Cf. *Opus tertium*, S. 97: „*Tertia alteratio venit a coelesti operatione. Nam coelestes dispositiones ad omnem horam alterant haec inferiora; et opera quae fiunt hic inferius variantur secundum diversitatem coelestium constellationum; ut opera medicinae et alchimiae, et omnia. [...] Nam tunc fiet alteratio certa secundum conditionem constellationis cum adjutorio aliarum virtutum operantium; sicut medicus peritus qui juxta desiderium purgandi choleram, quae est causa morbi, quaerit debitam constellationem in aliqua hora ut fiat quod intendit.*“ (Die dritte Veränderung geschieht durch die Bewegung der Sterne. Denn die Verhältnisse der Sterne verändern zu jeder Stunde die Dinge auf Erden, und die Wirkungen, die sie hier auf Erden zeitigen, wechseln nach der Verschiedenheit der himmlischen Konstellationen wie die Leistungen der Medizin, der Alchemie und aller anderen Wissenschaften. [...] Denn dann geschieht eine sichere Änderung nach der Konstellation, wenn sie durch andere Wirkkräfte unterstützt wird. So wird der erfahrene Arzt, außer dem Wunsch, die Galle zu reinigen, welche die Krankheitsursache ist, die erforderliche Konstellation zu einer bestimmten Stunde suchen, damit geschieht, was er beabsichtigt.)

30 Im Zusammenhang der Verurteilung häretischer Tendenzen in der Philosophie durch den Pariser Bischof im Jahre 1277 wurde auch der astrologische Determinismus verdammt. Einer Aristotelischen Argumentation folgend hatte die Gruppe von Pariser Magistern um Siger von Brabant die Freiheit des menschlichen Willens gegenüber den

Roger Bacon wollte eine wissenschaftliche Medizin, die sich von der Zauberei gelöst hat, wie sie in der Neuzeit herrschend wurde. Noch heute gehen manche Richtungen abseits der Schulmedizin auf magische Vorstellungen zurück, die Bacon bekämpfte. Da aber die Naturwissenschaft, die der Medizin eine neue Grundlage verschafft hat, zu seinen Zeiten noch kaum die ersten Schritte getan hatte, konnte auch in diesem Zusammenhang Bacons Antizipation einer neuen Wissenschaft nicht vom Wissenstand ihrer Zeit loskommen. Seine Idee eines gegenüber der Vergangenheit veränderten Weges der Erkenntnis liegt innerhalb seines eigenen Denkens mit Überkommenem im Widerstreit, das noch nicht als Irrtum erkannt worden war.

Wirkungen der Natur stark eingeschränkt. Diese Tendenz wurde verurteilt, wenngleich nicht die Einwirkung der Sterne auf die Körper und das niedere Strebevermögen. Cf. die Dokumentation der 219 Thesen des Verdammungsdekrets.: K. Flasch (Hrsg.), *Aufklärung im Mittelalter? Die Verurteilung von 1277*, Mainz 1989, bes. These 143, S. 212.

VII. Sprache und Semantik

In neuester Zeit wird die Leistung Roger Bacons besonders auf dem Gebiete von Logik, Sprachtheorie und Semantik gesehen. Hier habe er die Moderne erstaunlich antizipiert. Unter den Voraussetzungen der heutigen analytischen Philosophie zentriert sich das Spektrum des Baconschen Denkens geradezu auf diesen Aspekt.[1] Die für seine Zeit in der Tat ungewöhnlichen Theoreme, erhalten aber ihren Sinn erst im Kontext von Bacons zentralen Intentionen, in welchem sie hier auch zu untersuchen sind. Wie das Denken Bacons insgesamt, sind sie auf einem sehr traditionellen Boden gewachsen. Es wird sich zudem zeigen, daß sie keineswegs ganz abseits der philosophischen Hauptströmungen ihrer Epoche stehen, vielmehr auf Leistungen von Vorgängern und Zeitgenossen zurückgreifen, oft auch ohne deren Namen zu nennen.

Wie das gesamte Werk Roger Bacons, ist auch seine Bemühung um die Sprache auf die Theologie gerichtet. Den Ausgangspunkt bildet die Kritik an der mangelnden Sprachkenntnis der christlichen Theologen, die den fehlerhaften Übersetzungen der Heiligen Schrift und der wissenschaftlichen Texte aus dem Griechischen, Hebräischen und Arabischen kritiklos vertrauen. Die Ausbildung der Theologen bleibt deshalb mangelhaft, wenn sie nicht die wichtigsten Fremdsprachen beherrschen: „*Impossibile enim est, quod Latini perveniant ad ea quae necessaria sunt in divinis et humanis, nisi notitiam habeant aliarum linguarum, nec perficietur eis sapientia absolute, nec relate ad ecclesiam Dei [...]*"[2] Hier, im dritten Teil

1 Cf. D. Perler, „*Roger Bacon*", in: *Die Philosophie im 13. Jahrhundert: Überweg Grundriss der Geschichte der Philosophie*, hrsg. von Ch. Flüeler & P. Schulthess, Basel (im Druck). Den Text stellte mir der Autor freundlicherweise zur Verfügung. Außerdem: D. Perler, „*Logik – eine ‚wertlose Wissenschaft'? Zum Verhältnis von Logik und Theologie bei Roger Bacon"*, in: *Logik und Theologie. Das Organon im arabischen und im lateinischen Mittelalter*, hrsg. von D. Perler & U. Rudolph, Leiden 2005, 375-399. Grundlegend ist der Aufsatz von Th. Maloney, *The Semiotics of Roger Bacon*, in: *Mediaeval Studies*, Bd. 45 (1983), S. 120-154.

2 Roger Bacon, *Opus maius*, Bd. I, S. 66. (Es ist nämlich unmöglich daß die Lateiner an das in göttlichen und menschlichen Dingen notwendige

des *Opus maius,* und an anderen Stellen, beklagt er die schlechten Übersetzungen und die Unbildung der „Latini", vor allem der Theologen seiner Zeit, denen kein ausreichender Unterricht in den Wissenschaftssprachen erteilt wird.[3] Sehr ausführlich behandelt er dieses Thema in seinem *Compendium studii philosophiae,* wo er die Forderung nach angemessenem Studium dieser Sprachen aufstellt und viele Beispiele für Fehlübersetzungen aus dem Hebräischen und Griechischen anführt. Sie gehören zu den Hindernissen *(impedimenta),* die einer wissenschaftlich betriebenen Theologie entgegenstehen. Um dem Mißstand abzuhelfen, schlägt er unter anderem vor, die überall im christlichen Bereich lebenden Juden mit ihren hebräischen Sprachkenntnissen als Lehrer zu beschäftigen.[4] Bacons eigene Entwürfe einer griechischen und einer hebräischen Grammatik sollen ebenfalls einem verbesserten Sprachunterricht der Theologen dienen.[5]

Die *scientia linguarum scientialium* ist nach Bacon freilich nur eine wesentliche Vorbedingung für das Theologiestudium und nicht eigentlich ein eigenständiger Wissenschaftszweig. Das gleiche gilt für die Logik, die Bacon als eine akzidentelle Wissenschaft versteht, deren Kenntnis jeder Mensch auf natürliche Weise immer schon hat. Die Regeln der Logik haben nicht eigentlich erfunden werden können, denn sonst hätte derjenige, der sie als völlig neues Wissen vom richtigen Argumentieren entdeckt hätte, bei der Dar-

Wissen gelangen, ohne Kenntnis anderer Sprachen zu haben, und so vervollkommnet sich bei ihnen weder die Weisheit überhaupt, noch in Bezug auf die Kirche Gottes.)

3 Cf. Roger Bacon, *Opus tertium,* S. 28, wo sogar die kanonischen Übersetzungen des Heiligen Hieronymus als Verfälschungen der Heiligen Schrift bezeichnet werden.

4 Roger Bacon, *Compendium studii philosophiae,* in: J.S. Brewer (Hrsg.), *Opera quaedam hactenus inedita,* S. 434: *„Doctores autem non desunt; quia ubique sunt Hebraei, et eorum lingua est eadem in substantia cum Arabica et Chaldaea, licet in modo differant."* (Lehrer fehlen aber nicht; denn überall gibt es Hebräer, und deren Sprache ist im Kern der arabischen und chaldäischen gleich, auch wenn sie sich äußerlich unterscheiden.)

5 Cf. Roger Bacon, *Grammatica graeca* und *Grammatica hebraica (fragmenta),* in: E. Nolan u. S.A. Hirsch (Hrsg.), *The Greek Grammar of R. Bacon and a Fragment of his Hebrew Grammar,* Cambridge 1902.

stellung dieser neuen Disziplin argumentieren müssen. Dann aber hätte er über die Regeln schon vor ihrer Entdeckung verfügt. *„Praeterea, si logica inventa sit per studium humanum, sicut aliae scientiae, et haec est de argumento, et omnis scientia probat suas conclusiones per argumenta, ergo ante constitutionem logicae auctor primus scivit arguere et modum arguendi, ut logicam investigaret, et probaret in ea quae probanda sunt. Ergo ipse scivit arguere antequam invenit argumentum; quod est impossibile, si argumentum est solum ex inventione.“*[6]

Logik ist demnach nicht die fundamentale Disziplin, auf der alle anderen Wissenschaften aufbauen. Da sie wie auch die Fähigkeit des Sprachenlernens dem Menschen von Natur aus zukommen, müssen sie den Wissenschaft treibenden Personen nur zum aktuellen Bewußtsein gebracht werden. In dieser Verwandlung eines potentiellen Wissens in ein aktuelles besteht hier der Lernprozeß. Freilich muß Bacon in Anspruch nehmen, daß die Logik nicht allein analytische Sätze enthält, sondern auch synthetische. Sonst wäre die Darstellung der Schlußformen nicht möglich, die ja Tautologien und Zirkel vermeiden müssen. Da nämlich das beweisende Argument nicht selbst aus einer formalen Regel folgt, ist die Beweiskraft einer Schlußfigur oder eines Schlußmodus nicht einfach analytisch gegeben. Insofern ist die Logik, deren Regeln zwar zeitlos gültig und daher immer schon implizit bekannt sind, dennoch nicht tautologisch. Die notwendige Bedingung ihrer Geltung ist die Beziehung auf Gegenstände, die sich mit ihnen erschließen lassen, deren Sosein aber nicht aus ihnen folgt. Die Logik selbst verschafft nämlich keine Erkenntnis von neuen Gegenständen, auf die sie jedoch immerhin anwendbar und daher nützlich ist. Inso-

6 Roger Bacon, *Opus tertium,* l.c.,S. 104. (Wenn im übrigen die Logik durch menschliches Studium erfunden worden wäre, wie andere Wissenschaften, und das heißt durch Argumente, wie jede Wissenschaft ihre Schlüsse durch Argumente beweist, dann hätte der erste Autor vor der Begründung der Logik die Argumentationsweise gekannt und zu argumentieren gewußt, als er die Logik erfand und hätte Beweise geführt mit Mitteln dessen was zu beweisen ist. Also hätte er zu argumentieren gewußt, bevor er das Argument überhaupt erfunden hatte, was unmöglich ist, wenn das Argumentieren nur erfunden ist.)

fern bleibt Bacon bei der traditionellen Einteilung der Wissenschaften, unter denen die *artes liberales* den höheren Fakultäten und besonders der theologischen zuarbeiten sollten.

Trotz dieser engen Beziehung der Logik auf die Theologie, die er immer wieder betont, hat sich Roger Bacon schon in seiner Zeit als Magister der freien Künste in Paris mit logischen und sprachtheoretischen Problemen beschäftigt. Seine *Summa gramatica* und die *Summulae dialectices* sind Lehrbücher, die für den Unterricht bestimmt waren. Sie stehen deshalb etwas außerhalb des großen systematischen Kontextes, enthalten aber dennoch Elemente, die in Bacons späterem Denken wiederkehren.

In der Literatur werden Bacons logische Traktate dem sogenannten Terminismus zugerechnet. Der Begriff ist in der Geschichtsschreibung der Philosophie nicht eindeutig und kann auf Bacon nur angewendet werden, wenn er sich auf die seit dem 12. Jahrhundert in Gang gekommene Untersuchung der *proprietates terminorum* bezieht.[7] Dies ist eine logische Methode, die den on-

7 Der Begriff „Terminismus" wird von manchen Philosophiehistorikern verwendet, um den Begriff des Nominalismus zu vermeiden, mit dem er im übrigen aber weithin synonym ist. (Cf. S. Meier-Oeser, Art. *„Terminismus"* in: *Hist. Wörterbuch der Philosophie*, Bd. 10, Basel 1998, Sp. 1004-1009.) Die Autoren, die seit dem 12. Jahrhundert unter den Begriff des frühen Terminismus fallen, sind aber keineswegs alle nominalistischer Orientierung, denn nur einige vertreten die These, ontologisch gebe es nur Einzeldinge und die Universalien seien nur Konstruktionen des Intellekts. Wie L.M. de Rijk eingehend gezeigt hat, ist der Terminismus eine im 12. Jahrhundert erfundene logische Methode, Begriffe nach ihren *proprietates* zu bestimmen, also etwa nach der Art, wie sie die Dinge bedeuten können, auf die sie bezogen sind. (Cf. L.M. de Rijk, *Logica modernorum. A Contribution to the History of Early Terminist Logic*, Bd. I, S. 13-23.) Die logisch-semantischen Untersuchungen, die in der *logica modernorum* angestellt werden, betreffen aber nicht unmittelbar den ontologischen Status der Begriffe. Deshalb ist Petrus Hispanus, der den Terminismus im 13. Jahrhundert vertritt, kein Nominalist im Sinne von Ockham. Bacon konnte also die Suppositionslehre aufnehmen, ohne die Begriffe auf ihre Zeichenfunktion zu reduzieren und die Dinge als bloße *singularia* anzusehen. Daher ist in diesem Punkt auch A. de Libera zu widersprechen, der Bacons *Compen-*

tologischen Status der extramentalen Realität primär gar nicht betrifft. Auch Bacon macht hierüber in seinen logischen und semantischen Schriften keine direkten Aussagen. Sein vorherrschendes naturwissenschaftliches Interesse steht einer Reduktion der Realität auf ein strukturloses Gemenge bestimmungsloser Einzeldinge entgegen, auf welche willkürlich definierte Zeichen *ad placitum* projiziert werden. Er hat die Logik nicht mit einer *scientia realis* verwechselt; sie ist für ihn deshalb eine Hilfswissenschaft, auch wenn sie über Wahrheit und Falschheit von Aussagen entscheiden kann und in dieser Hinsicht wiederum über den anderen Wissenschaften steht: „*[...] Logica uno modo dicitur 'domina scienciarum', in quantum rectificat omnes alias sciencias, sicut manus rectificat se et omnia alia membra, et ideo, sicut manus dicitur organum organorum, sic logica sciencia scienciarum, et sic nobilior est omnibus aliis; alio autem modo in quantum ad alias sciencias per se ordinatur deserviens eis, sic vilior et ignobilior.*"[8]

dium studii theologiae für das „terreau de l'occamisme" hält, da es u.a. eine „ontologie du singulier" enthalte. Cf. A. de Libera, *Roger Bacon et la logique*, in J. Hackett (Hrsg.), *Roger Bacon and the Sciences*, op. cit., S. 122. Bacons Wertschätzung des Individuums ist vielmehr ganz auf aristotelischem Boden und hebt die Realität der *essentia* im Individuum geradezu hervor. Cf. hierzu Roger Bacon, *Communia naturalium*, op. cit., S. 95 f.: „*Duo enim sunt necessaria individuo, unum absolute quod constituit ipsum et ingreditur ejus esseciam, ut anima et corpus faciunt istum hominem, aliud est in quo conveniat cum alio homine et non cum asino nec porco, et hoc est suum universale. Set absoluta natura individui longe major et melior est quam relata, quia habet esse fixum per se et absolutum, et ideo singulare est nobilius quam suum universale.*" (Zwei Dinge sind für das Individuum notwendig, zum einen absolut dasjenige, was es selbst ausmacht und ihm wesentlich innewohnt, wie Seele und Körper *diesen* Menschen ausmachen ; zum anderen dasjenige, worin es mit einem anderen Menschen, aber nicht mit dem Esel oder dem Schwein übereinstimmt, und das ist sein Universale. Aber die absolute Natur des Individuums ist bei weitem größer und besser als die relative, weil sie aus sich selbst ein festes und absolutes Sein hat, und deshalb ist das Einzelne edler als sein Universale.)

8 Roger Bacon, *Sumule dialectices*, in: R. Steele (Hrsg.), *Opera hactenus inedita Rogeri Baconi*, Fasc. XV, Oxford 1940, S. 196. (Die Logik wird in

Schon die frühen Werke zur Logik behandeln die *modi significandi*, die Weisen, in denen ein Wort sich auf einen Gegenstand beziehen kann. Dazu gehören alle grammatischen Formen, in denen die Wörter auftreten können. Außerdem enthalten die Lehren der Modisten[9], denen Bacon folgt, Theorien über die Modi des Seienden selber, die der Bedeutung der Wörter und Begriffe entsprechen sollen. Die Modisten sind demnach nicht per se Nominalisten, denn sie suchen eine in der Natur der Sache liegende und allen Menschen verfügbare Entsprechung zwischen der Struktur der Dinge und der Sprache überhaupt. So behandelt Bacon die Kategorien ganz im Sinne des Aristoteles sowohl als Aussageweisen wie als Seinsweisen, die einander entsprechen: *„Dici de subjecto, nichil aliud est quam dici de aliquo inferiori se in suo genere; esse in subjecto est esse in substancia sicut accidens est in aliquo.“*[10] Der Ge-

einem Sinne ‚Herrin der Wissenschaften' genannt, insofern sie alle anderen Wissenschaften lenkt, so wie die Hand sich und alle anderen Glieder lenkt. Daher wird die Hand das Organ der Organe genannt wie die Logik die Wissenschaft der Wissenschaften und ist in diesem Sinne edler als alle anderen. In einem anderen Sinne, insofern sie den anderen Wissenschaften von vornherein zugeordnet ist und ihnen dient, ist die gemeiner und unedler.)

9 Die nachträglich so bezeichnete Gruppe von Logikern bildete sich in der zweiten Hälfte des 13. Jahrhunderts und stützte sich auf die Vorarbeit der *Logica modernorum* des 12. Jahrhunderts. Außer vielen anonymen Autoren gehören dazu auch Abaelard und Gilbertus Porretanus. (Cf. L.M. de Rijk, *Logica modernorum,* Bd. I, l.c., S. 49-61 und 157-163.) Im 13. Jahrhundert wurde die Frage der *modi significandi* im Zuge der Kommentierung des Aristoteles akut. Das von ihm nicht ausdrücklich behandelte Problem, wie die Wörter und Begriffe mit den Dingen übereinstimmen können, erforderte die Unterscheidung des *modus essendi* der Dinge vom *modus intelligendi,* durch den die Dinge dem Verstande begrifflich gegeben sind. Zu den Modisten, die möglicherweise auch auf Bacon Einfluß gehabt haben, gehören Boethius de Dacia und Martinus de Dacia, sowie auch Robert Kilwardby. Cf. hierzu: J. Pinborg, *Logik und Semantik im Mittelalter. Ein Überblick*, Stuttgart 1972, bes. S. 77-126.

10 Roger Bacon, *Sumule dialectices,* op. cit., S. 210. (Von einem Subjekt etwas aussagen ist nichts anderes als etwas aussagen über etwas, das unterhalb seiner Gattung steht; das Sein in einem Subjekt ist das Sein in einer Substanz, wie das Akzidenz in etwas ist.)

genstand dieser spekulativen Grammatik sollte demnach nach dem aristotelischen Wissenschaftsideal nicht auf willkürlichen Festsetzungen beruhen; vielmehr waren es die allgemeinen und notwendigen, gleichsam natürlichen Eigenschaften der Termini, die nicht an eine bestimmte Sprache gebunden sein sollten.[11]

Bacon steht also mit seiner Bedeutungslehre nicht eigentlich allein, er greift vielmehr eine Richtung auf, die seinen Intentionen auf anderen Gebieten entgegenkam. Zum einen entsprach der „Terminismus" seiner Zeitgenossen Petrus Hispanus und Martinus de Dacia[12] auch seiner metaphysischen Orientierung, nach der es eine Entsprechung zwischen dem *modus essendi* der Dinge und dem *modus intelligendi* des menschlichen Verstandes geben muß, zumal die materielle Natur eine notwendige intelligible Struktur aufweist, der Bacon in seinen naturwissenschaftlichen Schriften auf der Spur ist. Zum anderen boten die logischen und semantischen Theoreme die Möglichkeit, die Grundirrtümer zu bekämpfen, denen Bacon die zeitgenössischen Theologen verfallen sieht. Neben schlichter Unkenntnis waren dies sprachliche Fehldeutungen der Quellentexte, aber auch gravierende semantische Irrtümer.

Die Lehren von den *modi significandi* setzen nicht zufällig an den Trugschlüssen an, die seit Aristoteles eines der systematischen Gebiete der Logik sind. Die Lehre hat den Nutzen, falsche Argumentationen aufzudecken, die nach Bacon besonders in der Theologie auftreten. So ist etwa der Trugschluß aufgrund einer Äquivokation für zahlreiche Fehler in der Wissenschaft verantwortlich. Der Schluß: „Alle Hunde laufen. – Ein Sternbild ist ein Hund. – Also läuft das Sternbild" geht fehl, weil das Wort „Hund" auf zwei der Sache nach verschiedene Gegenstände angewendet wird. Trugschlüsse dieser Art, denen auch die Schlüsse aufgrund der Amphi-

11 Cf. J. Pinborg, Art. *Modus significandi* in: Historisches Wörterbuch der Philosophie, Bd. 6, Sp.68-72.

12 Ob Roger Bacon von diesen Magistern der Pariser Artistenfakultät direkt beeinflußt worden ist oder sie beeinflußt hat, läßt sich nicht nachweisen. Die Übereinstimmungen in der angewandten Methode sprechen aber dafür, daß Bacon seine logischen und semantischen Theoreme nicht allein aus sich entwickelt hat, sondern Probleme aufgenommen hat, die in Paris diskutiert wurden.

bolie, der Mehrdeutigkeit der verwendeten Begriffe, zuzuzählen sind[13], beruhen auf sprachlichen Fehlern und Ungenauigkeiten, die Bacon durch die Untersuchung der *proprietates terminorum* bekämpfen wollte, um damit die Wissenschaftlichkeit der Theologie zu verbessern.

Neben den Lehrsätzen der formalen Logik, die Bacon ja für natürliches Wissen hält, untersucht er verschiedene Arten von Zeichen, die eine Bedeutung haben, auf eine Sache hindeuten können. In einem erst 1978 gedruckten, bis dahin verschollenen Teil des *Opus maius* und in seinem späten *Compendium studii theologiae* stellt er die verschiedenen Arten von Zeichen dar, die nicht nur in der menschlichen Rede sondern auch in der Ordnung der Dinge Zeichencharakter haben. Ein grundlegender Unterschied besteht zwischen natürlichen Zeichen und solchen, die „von der Seele", also von einem menschlichen Vermögen eingesetzt sind. *„Signorum autem quaedam sunt naturalia, quaedam ordinata ab anima ad significandum. Naturalia autem dicuntur, quia ex essentia sua et non ex intentione animae signi rationem recipiunt."*[14] Die von der Seele eingesetzten *signa* sind nur zu einem Teil die bewußt konzipierten bildlichen oder begrifflichen Zeichen[15], sondern auch unartikulierte Laute, die Schmerz oder Freude andeuten.

Natürliche Zeichen sind demgegenüber etwa der Rauch, der Zeichen eines Feuers ist oder das Krähen des Hahnes, das den anbrechenden Morgen anzeigt. Unter diesen natürlichen Zeichen stellt Bacon eine weitere Ordnung fest. Es gibt solche, die Vergan-

[13] Neben anderen Formen der Sophismata behandelt Bacon diese in seinen *Sumule dialectices,* op. cit, S. 330-334.

[14] Roger Bacon, *De signis,* hrsg. v. K.M. Fredborg, L. Nielsen u. J. Pinborg, in: *Traditio,* Bd. 34, S. 82. (Von den Zeichen sind einige natürlich, einige sind von der Seele dazu bestimmt, etwas zu bedeuten. Natürlich werden solche genannt, die aufgrund ihres Wesens und nicht aus einer Absicht der Seele die Bestimmung eines Zeichens erhalten.)

[15] Dazu gehören auch Gegenstände, wie das Brot, das ein Bäcker ins Schaufenster legt, zum Zeichen, daß in dem Laden Brot verkauft wird oder der Reifen eines Weinfasses, das aushängt, um eine Schänke anzuzeigen. Die Schaufensterexponate sind, wie Bacon bemerkt, Zeichen ihrer selbst, so das ausgestellte Brot oder die ausliegenden Sättel und anderes Rüstzeug auf die zu verkaufenden Dinge verweisen. Cf. op. cit., S. 83.

genes und solche, die Gegenwärtiges und Zukünftiges anzeigen. Andere natürliche Zeichen sind Wirkungen der Ursache, auf die sie verweisen. Diese Art von Zeichen hat die Besonderheit, daß Zeichen und Bezeichnetes in einer ontologischen Relation zueinander stehen. Als Zeichen kommt aber die Wirkung einer Ursache, etwa der Rauch nur dann zur Geltung, wenn beide im Gedanken miteinander in Verbindung gebracht werden. „*Et non est inconveniens quod relationes causae et causati et signi et significati inveniantur in eisdem rebus, quoniam secundum ordinem naturae una res est causa alterius non habita comparatione eorum inter se. Relationes autem signi et significati et eius cui fit significatio attenduntur per comparationem ad animam apprehendentem.*“[16]

An dieser Stelle zeigt sich, daß Bacon bei seiner Zeichentheorie stets das Subjekt mitbedenkt, dem ein erscheinendes Phänomen Zeichen für etwas anderes ist, denn die Zeichen, die nicht von der Seele eingesetzt sind, verweisen dennoch auf einen Verstand, der sie versteht. Insofern ist ein Zeichen immer auf ein Subjekt verwiesen, das es richtig zu deuten weiß und das Bedeutete dahinter erkennt. Insofern ist ein Zeichen nach Bacon immer eine Relation zwischen drei Momenten, dem Bedeuteten, dem Zeichen und dem verstehenden Subjekt. Wenn Bacon auch, anders als etwa Thomas von Aquin, Heinrich von Gent oder Duns Scotus, keine Erkenntnistheorie entwickelt hat, so kommt er doch in diesem Zusammenhang der Tendenz dieser Zeitgenossen nahe, den ontologischen Status von Relationen im denkenden Subjekt zu begründen. Die Nähe und zugleich der Unterschied zur Theorie Wilhelms von Ockham wird hier ebenfalls deutlich. Für diesen spielen die natürlichen Zeichen eine untergeordnete Rolle, während die Begriffe nur *intentiones animae* darstellen sollen, die als solche gar keinen ontologischen Status haben. Von solcher Radikalität ist Bacon fern,

16 Op. cit., S. 83. (Es ist nicht unangemessen, daß die Beziehungen von Ursache und Wirkung sowie Zeichen und Bezeichnetem in denselben Dingen zu finden sind, auch wenn nach der natürlichen Ordnung ein Ding die Ursache eines anderen ist, ohne daß sie untereinander verglichen werden. Die Beziehungen zwischen Zeichen und Bezeichnetem sowie dessen, worauf die Bedeutung bezogen wird, werden hergestellt durch das Verhältnis zur wahrnehmenden Seele.)

auch wenn er, ähnlich wie Ockham, von der Suppositionslehre, einem wesentlichen Lehrstück des Terminismus, Gebrauch macht, die zu seiner Zeit von Wilhelm von Sherwood und Petrus Hispanus vertreten wurde.[17] Bei Ockham hat die bedeutete *res* keine allgemeine Struktur, die in den sie supponierenden Termini wiederkehrte. Die Entsprechung zwischen begrifflichem Zeichen und dem von ihm bedeuteten Ding ist allein vom Verstande eingesetzt und daher arbiträr.

Im Gegensatz zu dieser radikal nominalistischen Position vertritt Bacon einen geradezu extremen Realismus. Ein gesprochenes Wort bezeichne nicht wie bei Aristoteles primär einen Eindruck in der Seele und erst sekundär den Gegenstand außerhalb der Vorstellung *(species)* , sondern direkt das Ding, auf das es bezogen ist. *„Dico ergo quod vox imposita ad significandum rem extra animam significat solum eam rem secundum rationem impositionis; nam non recipit sic rationem nominis et signi nisi propter impositionem factam tali re. Quapropter solum significabit rem illam cui imponitur, quantum est de proprietate impositionis.“*[18] Dies ergäbe keinen Sinn, wenn die *res*, auf die die Zeichen verweisen, nicht intelligibel wären.

17 Cf. etwa Roger Bacon, *Sumule dialectices*, op. cit., S. 268-277. Hauptsächlich wird unterschieden zwischen der *suppositio materialis*, der *suppositio simplex* und der *suppositio personalis.* Es sind Weisen, in denen ein Begriff für die durch seine Bedeutung bezeichneten Gegenstände steht. In der *suppositio materialis* wird der Terminus auf den Ausdruck selbst angewandt: *Homo est nomen.* In der *suppositio simplex* wird der Begriff auf seine Allgemeinheit angewandt: *Homo est species.* Die *suppositio personalis* ist die Anwendung eines Terminus auf die Einzeldinge, die unter ihm stehen oder subsumiert werden: *Homo currit.* Eine Unterart dieser Suppositionsform ist die Anwendung des Begriffs auf ein bestimmtes Individuum, die *suppositio personalis discreta: Socrates sedet.* Cf. op. cit., S. 269.

18 Roger Bacon, *Compendium studii theologiae*, hrsg. v. Th.S. Maloney, Leiden 1988, S. 68. (Ich sage also, daß ein Wort, das einem Ding außerhalb der Seele beigelegt wird, um es zu bedeuten, nur dieses Ding bedeutet nach der Bestimmung der Beilegung. Die Bestimmung eines Namens und Zeichens erhält es nur, weil es *diesem* Ding beigelegt wurde. Daher bedeutet es nur jenes Ding, dem es beigelegt wurde, insofern es der Eigentümlichkeit der Beilegung entspricht.)

Ein Indiz für die ontologische Relevanz der Zeichen ist nach Bacon die Tatsache, daß die Wörter nicht nur das unmittelbar Denotierte meinen, sondern Konnotationen haben. Das Mitbedeutete steht in einer natürlichen Abhängigkeit zum Denotierten, auch wenn es mit einem konventionellen Zeichen belegt wurde. So konnotiert das Wort Geschöpf den Schöpfer; ein Wort für ein Akzidenz verweist konnotativ auf die Substanz, der es inhäriert.[19] Wenn Bacon aber gegen die Lehre opponiert, die Begriffe bezögen sich nur durch *species intelligibiles* auf die Dinge, welche sich der Verstand vermöge der Abstraktion von den sinnlich erscheinenden Dingen gemacht hat, dann kommt er trotz seiner differenzierten Zeichenlehre einem Abbildrealismus nahe, den Thomas und Duns Scotus kritisch aufgelöst hatten.

Diese Tendenz wird noch überboten durch die Lehre, daß ein gesprochenes Wort nur dann seinen Gegenstand bezeichnet, wenn dieser aktuell existiert. In diesem Sinne bezeichnet der Name „Caesar“ nicht mehr Caesar, wenn Caesar tot ist. Der Satz „Caesar ist ein Mensch“ wäre also nach seinem Tode nicht länger wahr. Die gegenteilige Behauptung hält Bacon für einen der dümmsten und schlimmsten Fehler, den Theologen begehen können.[20] Man würde dann nämlich behaupten, es gebe etwas Gemeinsames zwischen einem Seienden und einem Nichtseienden, was ein manifester Widerspruch wäre. *„Item, quia maxime inconvenienter fingunt quod ‚Caesar' significat aliquid commune enti et non enti, et univoce, et una impositione, arguo: hoc nomen ‚Caesar' non potest significare*

19 Cf. Roger Bacon, *De signis*, op. cit., S. 116 und 133.

20 Diesen Fehler wirft Bacon besonders Richard Rufus von Cornwall († 1259), vor, einem Franziskaner, der wahrscheinlich um 1250 in Oxford gelehrt hat: *„Et optime novi pessimum et stultissimum istorum errorum auctorem, qui vocatus est Richardus Cornubiensis, famosissimus apud stultam multitudinem.“* (*Compendium studii theologiae*, op. cit., S. 86. Ich kenne den Urheber des schlimmsten und dümmsten jener Fehler, der Richard von Cornwall heißt und der berühmteste in der törichten Menge ist.)
Die Passage ist charakteristisch für die Polemiken, mit denen Bacon auch einige berühmte Zeitgenossen bedacht hat. In den scholastischen Lehrschriften war dieser Ton ganz unüblich.

aliquid commune univocum pluribus Caesaribus existentibus nec univoce nec unica impositione, sed pluribus impositionibus et aequivoce, ut patet omnibus; igitur multo minus erit hoc nomen ‚Caesar' commune enti et non enti univoce.“[21]

Aufgrund derselben Argumentation nimmt Bacon nebenbei Stellung zu einer im späten 13. Jahrhundert öfters diskutierten Frage: *Utrum haec propositio sit vera: homo est animal, nullo homine existente?* (Ist der Satz wahr: Der Mensch ist ein Lebewesen, auch wenn kein Mensch existiert?) Über das Wesen des Menschen als eines Lebewesens kann nicht gesprochen werden, wenn es kein Individuum gäbe, denn das Wesen kann nur als metaphysische Form in Verbindung mit der Körpermaterie existieren.[22]

21 Op. cit., S. 90. (Da sie nun höchst unangebracht vorgeben, daß ‚Caesar' etwas dem Seienden und dem Nichtseienden Gemeinsames bedeute und zwar univok und durch eine Beilegung, so argumentiere ich folgendermaßen: der Name ‚Caesar' kann nicht etwas mehreren existierenden Caesaren univok Gemeinsames bedeuten, weder univok noch durch nur eine Beilegung, sondern duch mehrere Beilegungen und äquivok, wie es allen klar ist. Also wird der Name ‚Caesar' noch viel weniger Seiendem und Nichtseiendem univok gemeinsam sein.)

22 Cf. op. cit., S. 98: „*Ex hac igitur radice patet quod non potest homo esse animal, nullo homine existente, nec Caesar poterit esse homo, quia nomina huiusmodi significant essentias rerum praesentes et actuales et quia nomen non significat commune praesenti, praeteriti et futuro.*“ (Hiernach ist offenkundig, daß der Mensch nicht ein Lebewesen ist, wenn kein Mensch existiert. Auch Caesar kann nicht ein Mensch sein, weil derartige Namen nur die Wesen gegenwärtiger und wirklicher Dinge bezeichnen und weil der Name nicht etwas Gegenwärtigem, Vergangemen und Zukünftigem Gemeinsames bedeutet.)
Die Gegenposition hat unter anderen Albertus Magnus in seiner Schrift *De intellecto et intelligibili* (tr. II, c. 3) vertreten. Eine mittlere Position nimmt Siger von Brabant in seiner *Quaestio untrum haec sit vera: homo est animal, nullo homine existente* ein, Für den Satz selbst verneint er die Wahrheit aus den gleichen Gründen wie Roger Bacon, für den Satz *Socrates est homo* gilt ihm zufolge jedoch, daß die Identität des Sokrates nicht aufgelöst wird, wenn er bereits tot ist: „*Cum enim Socrates de sua ratione non dicat naturam humanam pro hoc tempore, sed pro hoc tempore praeterito, sicut verum est Socratem esse hominem praeteritum, ita verum est Socratem esse Socratem.*“ (Siger de Brabant, *Écrits de logique,*

Den Einwand, die Prädikation betreffe das überzeitliche Wesen und nicht das aktuell Seiende, läßt Bacon nicht gelten. Dagegen hält er gut aristotelisch das Argument, das metaphysische Wesen existiere nur in sinnlich präsenten Dingen. „*Igitur sola essentia praesens sub esse actuali est essentia; igitur, si nomen significat essentiam, significat eam praesentem sub esse actuali.*“[23] Wird also der Wesensbegriff von einem vergangenen oder zukünftigen Ding äquivok ausgesagt, so seien dies Aussagen von nichts. „*Item, essentia praeterita non est essentia, sicut nec essentia mortua vel homo mortuus. Similiter nec essentia futura est essentia, sicut nec essentia in potentia vel ens in potentia, quia hoc est secundum quid, et ideo non infert essentiam simpliciter. Igitur sola essentia praesens sub esse actuali est essentia; igitur, si nomen significat essentiam, significat eam praesentem sub esse actuali.*”[24]

Diese Theorie hat Konsequenzen für die Theologie, derentwegen Bacon die Reflexion auch angestellt hat. Der Satz „Johannes ist tot“ bezeichnet nach Bacons Auffassung nicht einen Menschen, sondern äquivok einen Leichnam. Das gleiche gilt dann von Christus. Die Aussage „Christus lag drei Tage im Grabe“ bezeichnet nichts, da Christus nach theologischer Lehre während dieser Zeit tot war und erst danach auferstanden ist. Aussagen über den lebenden, toten und auferstandenen Christus verwenden ihren Sub-

de morale et de physique, hrsg. v. B. Bazán, Louvain/Paris 1974, S. 58 f. (Da nun [der Name] Sokrates von seiner Bestimmung her nicht das menschliche Wesen für *diese* Zeit aussagt, sondern für *diese vergangene* Zeit, so wie es wahr ist, daß Sokrates ein vergangener Mensch ist, so ist es auch wahr, daß Sokrates Sokrates ist.)

23 Roger Bacon, l.c. (Also ist nur das Wesen, das in einem wirklichen Seienden gegenwärtig ist, das Wesen; wenn also der Name das Wesen bedeutet, so bedeutet er es in einem wirklichen Seienden.)

24 L.c. (Das vergangene Wesen ist kein Wesen, ebenso wenig wie ein totes Wesen oder ein toter Mensch. Ebenso wenig ist ein zukünftiges Wesen das Wesen, sowenig wie auch ein Wesen in Möglichkeit oder ein Seiendes in Möglichkeit, denn dieses ist nur beziehungsweise und daraus folgt nicht das Wesen schlechthin. Also ist nur das Wesen, das in einem aktuellen Seienden wirklich ist, das Wesen. Wenn also der Name [Begriff] das Wesen bedeutet, so bedeutet er es in einem wirklichen Seienden.)

jektsbegriff also äquivok. Ähnliches gilt für die Aussagen die in gleicher Weise von Schöpfer und Geschöpf reden. Sie sind nach Bacon im Grunde äquivok, denn sie bezeichnen Gott als das absolute Sein, die Schöpfung aber als ein abhängiges, auf seinen Urheber schlechthin verwiesenes Sein. Wird diese Äquivokation nicht erkannt, so würde streng genommen Sein von potentiell Nichtseiendem ausgesagt. Damit berührt er das theologische Problem, ob die menschliche, auf Endliches und Kontingentes bezogene Sprache überhaupt für Absolutes gelten kann. Jedenfalls ist vom Sein Gottes nicht auf die Schöpfung zu schließen, da Gott absolut ist und nicht notwendig auf die Schöpfung bezogen ist. Umgekehrt hat die Schöpfung ein von Gott abhängiges Sein, von dem aus auf den Urheber zu schließen ist. „*[...] licet nomen absolutum Dei non designet aliquid aliud, cum non sequatur ‚Deus est, ergo homo vel aliud', quia ipse Deus fuit ab aeterno, tamen nomina relata eius ponunt creaturam ut creator, dominus, causa prima, gubernator mundi et conservator et rector huiusmodi, non tamen quia aliqua relatio talis ad creaturam sit in eo, sed quia ad ipsum terminatur relatio creaturae. Unde in creatura est relatio quae est in ea sicut in subiecto, terminatur solum ad Deum sicut ad obiectum et cum sit una et eadem, significatur tamen nominibus diversis, cum dicuntur creator et creatura.*“[25]

Roger Bacon hat diese Reflexionen theologisch nicht weiter vertieft. Er hat sie nur als Beispiele für die Bedeutung semantischer Analyse der Begriffe in der Theologie angeführt. Es wird indessen deutlich, daß der Rekurs auf die aristotelische Metaphysik die

25 Roger Bacon, *De signis,* l.c., S. 118. (Wenn auch der absolute Name Gottes nicht etwas anderes bezeichnet – denn es kann nicht gefolgert werden ‚Gott ist, also auch der Mensch oder etwas anderes', weil Gott von Ewigkeit ist – setzen dennoch seine relationalen Namen das Geschöpf, so Schöpfer, Herr, erste Ursache, Herrscher, Lenker und Erhalter der Welt, freilich nicht, weil irgendeine derartige Relation zum Geschöpf in ihm wäre, sondern weil [umgekehrt] in ihm die Relation des Geschöpfs ihr Ziel hat, Daher ist im Geschöpf die Relation, die in ihm als in einem Subjekt ist, allein auf Gott als ihr Objekt gerichtet, und obwohl sie eine und dieselbe ist, wird sie dennoch von verschiedenen Namen bezeichnet, wie Schöpfer und Geschöpf es besagen.)

Probleme der Theologie keineswegs gelöst hat. Die Frage, wie die Wahrheit von Glaubenssätzen zu sichern sei, führte auf das Problem, wie vom Göttlichen sicheres Wissen möglich sei, da doch dieses wie jedes andere Wissen nur in menschlichen Begriffen gefaßt werden kann. Die logische und semantische Analyse der Formen, in denen dies geschieht, hat die Theologie bald nach Bacon in eine andere Richtung gewiesen. Sie begann mit Ockham, den Glauben zu entdecken, vermöge dessen die Glaubensartikel überhaupt erst wahr sind: *Sola fide tenentur.* Zur Wissenschaft im strengen Sinne können sie nicht gehören, da diese nur auf kontingentes Sein gerichtet ist.

In seiner Zeichenlehre sehen manche Interpreten die Originalität Bacons. Das ist nur bedingt richtig, den Bacon steht hier wie auch in anderen Teilen seines Werkes fest auf dem Boden der Tradition. Wie Irène Rosier nachgewiesen hat, geht die Theorie Bacons in wesentlichen Teilen auf Augustinus zurück.[26] Es ist dies eine Quelle, die Bacon durchaus nicht verschweigt. So bezieht er sich im *Opus tertium* und im *Opus maius* auf das Werk *De doctrina christiana* des Augustinus und übernimmt die Einteilung der Zeichen, die Augustinus im zweiten Buch dieser Schrift vornimmt.[27] Auch dort ist die Rede von natürlichen und eingesetzten Zeichen. Unter diesen letzteren sind wiederum die von den Menschen konventionell eingesetzten Begriffe von den Zeichen der Gemütsbewegung zu unterscheiden. Schließlich kommt es Augustinus darauf an, die von Gott den Menschen in der Heiligen Schrift offenbarten Zeichen zu verstehen, die wiederum in menschlicher Sprache kodifiziert sind. Ganz ähnlich wie später Bacon, empfiehlt auch Augustinus das Studium der Sprachen, in denen die Heilige Schrift verfaßt ist. „*Contra ignota signa propria, magnum remedium est linguarum cognitio. Et latinae quidem linguae homines, quos nunc instruendos suscepimus; duabus aliis ad Scripturarum divinarum cognitionem opus habent hebraea scilicet et graeca.*"[28] Auch Bacon hat dieses Ziel

[26] Cf. I. Rosier, *La parole comme acte. Sur la grammaire et la sémantique au XIIIe siècle*, Paris 1994, bes. S. 95-112.

[27] Cf. *Opus tertium*, op. cit., S. 100, *Opus maius*, Bd. I, op. cit, S. 180.

[28] Agustinus, *De doctrina Christiana*, Buch II, Kap. 11, n. 16. (Gegen die Unkenntnis der eigenen Zeichen ist die Sprachenkenntnis ein großarti-

verfolgt, aber seine Zeichenlehre hat sich auch gegenüber der Theologie verselbständigt, so daß sie einer weltlichen Semiotik eine Perspektive eröffnet, die erst in der Moderne wahrgenommen wurde.

ges Mittel. Und die Menschen lateinischer Sprache, die wir nun zu unterrichten unternehmen, haben zur Kenntnis der göttlichen Schriften zwei weitere Sprachen nötig, nämlich das Hebräische und das Griechische.)

VIII. Moralis philosophia

An der Spitze von Roger Bacons Hierarchie der Wissenschaften steht die Moralphilosophie. Zwar preist er in den naturwissenschaftlichen Teilen seines Werkes bald die *scientia experimentalis,* bald die Optik, dann auch wieder die Alchemie als die höchste Wissenschaft, und der Sprachwissenschaft räumt er ebenfalls eine grundlegende Rolle ein, aber alle diese Disziplinen sind auf die Theologie hingeordnet, der gegenüber sie an manchen Stellen geradezu als Mägde bezeichnet werden. „*Dico igitur quod vel est una scientia dominatrix aliarum, ut theologia cui reliquae penitus sunt necessariae, et sine quibus ad effectum perveniri non valet, quarum virtutem in suum jus vindicat, ad cujus nutum et imperium caeterae subjacent; aut melius una est tantum sapientia perfecta, quae in sacra scriptura totaliter continetur, per jus canonicum et philosophiam explicanda.*“[1] Trotz dieser Betonung des Primats der Theologie hat Bacon die Wissenschaften nicht auf sie reduzieren wollen. Seinem zeitweiligen Ordensgeneral Bonaventura hat er zwar nicht offen widersprochen, aber sein Verständnis der Wissenschaft läuft dennoch nicht darauf hinaus, in allen Dingen nur Gott

1 Roger Bacon, *Opus maius*, Bd. III, S. 36. (Ich sage also, daß es eine Wissenschaft gibt, welche die Herrin über alle anderen ist: die Theologie, für die die übrigen zutiefst notwendig sind und ohne welche sie nicht zu ihrem Ziel kommen kann, deren Bedeutung sie nach eigenem Recht in Anspruch nimmt und die ihrem Willen und ihrer Herrschaft unterstehen; oder besser, nur eine ist die vollkommene Weisheit, die in der Heiligen Schrift vollständig enthalten und nach kanonischem und philosophischem Recht zu erklären ist.)
Diese Stelle deutet F. Finkenberg als Beleg der vollkommenen Rechtgläubigkeit Bacons, der den eindeutigen Primat der Theologie ganz im Sinne der Enzyklika *Ab Aegyptiis* Gregors IX. von 1228 als Herrschaftsanspruch nicht nur der Theologie über die Wissenschaft, sondern womöglich des Papstes über die gesamte weltliche Sphäre vertreten habe. Dieser Ansicht ist Bacon nicht gewesen, denn seine Insistenz auf der praktischen Bedeutung der Naturwissenschaften ist ein Zeugnis der Verweltlichung des Geistes seiner Epoche, in welche auch die Theologie einbezogen war. Cf. F. Finkenberg, *Ancilla theologiae. Theologie und Wissenschaften bei Roger Bacon*, Mönchengladbach 2007, S. 48f.

zu erkennen, sondern darauf, die Nützlichkeit der Beschäftigung mit den weltlichen und göttlichen Dingen für das Leben der Menschen zu erweisen.[2] Für Bacon erhalten die weltlichen Wissenschaften ein weitaus größeres Eigengewicht als bei Bonaventura, der die Beschäftigung mit ihnen und mit der Philosophie nur in den Grenzen der Theologie zulassen wollte. Bacon aber dreht die von ihm selbst durchaus anerkannte Rangordnung zugleich um, indem darauf hinweist, daß die Theologie auf die Wissenschaften angewiesen ist. Als *dominatrix* ist sie also allein völlig hilflos, denn das Wissen anderer Disziplinen ist nicht, wie es die neuplatonische Tradition lehrte, in der Theologie analytisch enthalten: So folgen aus dem allgemeinen Lehrsatz, daß alles Seiende aus dem obersten göttlichen Licht durch Emanation hervorgegangen ist, zum Beispiel nicht die optischen Gesetze von der Brechung des Lichtes in verschiedenen Medien. Wollte Bacon also die Verbindung der Theologie und der Naturwissenschaften darstellen, so mußte er deren Hilfsdienste angeben, welche die Theologie nicht aus sich selbst leisten kann.

In diesem Sinne handeln charakteristische Abschnitte des *Opus maius* von der Nützlichkeit der Mathematik in der Theologie und von der Affinität der Philosophie und Theologie. Dieser ganz traditionellen Auffassung von der Fundierung des menschlichen Wis-

2 Das Ziel aller Erkenntnis ist nach Bonaventura die Realität Gottes in allen Dingen: „*Patet etiam quam ampla sit via illuminativa, et quomodo in omni re quae sentitur, sive quae cognoscitur, interius lateat ipse Deus. Et hic est fructus omnium scientiarum, ut in omnibus aedificetur fides, honorificetur Deus, componantur mores, hauriantur consolationes, quae sunt in unione Sponsi et Sponsae.*“ (Bonaventura, *De reductione artium ad theologiam,* in: *Opera omnia,* Bd. V, Quaracchi 1891, S. 325. Es ist offenkundig, wie breit der Weg der Erleuchtung ist und wie in allen Dingen, die wahrgenommen oder erkannt werden, innerlich Gott selbst verborgen ist. Und hierin besteht die Frucht aller Wissenschaften, daß in allen der Glaube aufgerichtet, daß Gott geehrt und die Sitten gebildet werden, daß der Trost geschöpft werde, der in der Vereinigung von Braut und Bräutigam zu finden ist.)
Stellen wie diese zeigen – nebenbei bemerkt – wie nahe die neuplatonisch-augustinisch orientierte Theologie dem Pantheismus steht, den sie doch als Häresie unbedingt vermeiden wollte.

sens steht indessen eine Neuerung gegenüber. Alle Wissenschaft mitsamt der Theologie ist auf ihren Nutzen für die Menschen hingeordnet. Kein Zufall ist es daher, daß der *moralis philosophia* der zweitumfangreichste Teil des *Opus maius* gewidmet ist. Sprachwissenschaft, Mathematik, Optik *(perspectiva)* und *scientia experimentalis* sind nach Bacons Konzeption spekulative Wissenschaften, denen als fünfte Disziplin die *practica* gegenübersteht und sie ergänzt. *„Nunc vero radices quinte scientiae volo revolvere, que melior est et nobilior omnibus predictis; et haec est inter omnes practica, id est operativa, et de operibus nostris in hac vita et in alia constituta; omnes enim alie dicuntur speculative.“*[3]

Bacon versteht den Begriff *practica* doppelt, als Operation im Sinne eines gegenständlichen experimentellen Eingriffs in die Natur und als moralische Praxis. *„Unde practica hic stricte sumitur ad opera moris, quibus boni et mali fimus, licet large modo sumendo practicam , pro omni operativa scientia, multe alie sunt practice.“*[4] Die moralisch verstandene Praxis ist der Zweck der auf die spekulativen Wissenschaften bezogenen experimentellen. Die *moralis philosophia* ist deshalb das Telos aller anderen Wissenschaften, die jener sogar die Prinzipien liefern, insofern sie durch die vorhergehenden Wissenschaften gesichert und bestätigt *(bene probate et certificate)* werden. *„Et quoniam moralis philosophia est finis omnium parcium philosophie, necesse est quod conclusiones aliarum scienciarum sint principia in ea secundum formam precedencium scienciarum ad sequentes; quia conclusiones precedencium suppo-*

3 Roger Bacon, *Moralis philosophia*, hrsg. v. E. Massa, Zürich 1953, S. 3. (Nun will ich die Grundlagen der fünften Wissenschaft entwickeln, die besser und edler als alle vorher behandelten ist; und dies ist unter allen die praktische, d.h. tätige. Sie bezieht sich auf unsere Handlungen in diesem und einem anderen Leben. Alle anderen Wissenschaften werden spekulativ genannt.)
Das Werk ist der siebente Teil des *Opus maius* und wird hier und in der Folge nach der neueren kritischen Ausgabe zitiert.

4 L.c. (Der Begriff ‚praktisch' wird hier im strengen Sinne auf die sittlichen Handlungen bezogen, durch die wir gut oder schlecht werden, wenngleich ‚praktisch' in einem weiten Sinne verstanden für jede tätige Wissenschaft steht und viele andere dann praktisch sind.)

nuntur in subsequentibus naturaliter. [...] Et ideo principia moralis philosopie certificantur in scientiis precedentibus.“[5] Die Moralphilosophie ist auf die Theologie hingeordnet, denn sie zielt wie diese auf das Heil der Menschen überhaupt, freilich innerhalb der Grenzen der natürlichen Vernunft: „*Hec enim sciencia est de salute hominis, per virtutem et felicitatem complenda; et aspirat hec sciencia ad illam salutem, quantum potest philosophia.*“[6]

Die Verbindung der Wissenschaften sieht Bacon nur scheinbar im Sinne der im 12. und 13. Jahrhundert üblichen Wissenschaftseinteilungen, wie sie von Dominicus Gundissalinus und später von Robert Kilwardby vorgenommen wurden. Die Wissenschaften dienen nach seiner Lehre nicht der Darstellung der objektiven, von Gott gestifteten Ordnung der Welt im menschlichen Geiste, sondern dem Heil der Menschen, das zwar eine göttliche Verheißung ist, aber zugleich deren höchstes subjektives Interesse darstellt. Die Wissenschaften sind nicht allein durch die metaphysische Seinsordnung, die den wissenschaftlichen Gegenständen letztlich zugrunde liegen sollte, sondern auch durch deren Bedeutung für die menschliche Praxis miteinander verbunden. Ihr Rang und ihre Gliederung bestimmen sich nach ihrer Nützlichkeit. In Bacons Ordnung der Wissenschaften zeigt sich bei aller traditionellen Hochschätzung der Theologie ein großer Schritt zur Säkularisierung des Bewußtseins. Das Eigengewicht, das die gesamte profane Sphäre und die wissenschaftliche Beschäftigung mit ihr angenommen haben, soll zwar das Interesse am ewigen Heil der Menschheit keineswegs aufheben, nimmt diesem aber viel von seiner Jenseitigkeit. Der Zusammenhang der partikularen Zwecke

5 Op. cit., S. 4 (Und da die Moralphilosophie ja das Ziel aller Teile der Philosophie ist, so müssen die Schlußfolgerungen der anderen Wissenschaften in ihr Prinzipien sein, der Form der vorhergehenden Wissenschaften im Hinblick auf die späteren entsprechend; denn die Schlußfolgerungen der vorhergehenden werden in den folgenden natürlicherweise vorausgesetzt. [...] Und deshalb werden die Prinzipien der Moralphilosophie in den vorhergehenden Wissenschaften bewiesen.)

6 L.c. (Diese Wissenschaft handelt vom Heil des Menschen, das durch Tugend und Glückseligkeit zu vollenden ist; und diese Wissenschaft strebt nach jenem Heil, so weit es die Philosophie vermag.)

der Einzelwissenschaften, den die Theologie gleichsam krönt, erweist seine Wirksamkeit im diesseitigen Leben. Die Transzendenz des Heilsversprechens und der Theologie, die es expliziert, ist in Bacons Reflexionen zur *moralis philosophia* eigentümlich eingezogen.[7] Gleichwohl führt dies nicht zu einem innerweltlichen Positivismus, der die Menschen auf das bloße *hic et nunc* beschränkt.

Die *utilitas*, die Bacon wie ein Prinzip behandelt, versteht er in zweifachem Sinne. Zum einen meint der Begriff die Brauchbarkeit eines Dinges als Werkzeug zur Bearbeitung eines anderen, also die Relation von Zweck und Mittel; zum anderen bezieht er sich auf die Teleologie der menschlichen Handlungen und auf deren praktischen Endzweck. „*Caeterum ante omnia utilitas cujuslibet rei consideranda est. Haec autem utilitas consistit in fine, propter quem res est: ut finis domus est custodia caumatibus, et algoribus, et caeteris tempestalibus, et ab animalibus rapacibus, et hujusmodi periculis. Et qui hunc finem domus nescit, nunquam faciet domum.*“[8] Die Nützlichkeit ist nach diesem Verständnis indessen nicht einfach trivial lebenspraktisch. Was von Nutzen ist, bestimmt sich vielmehr aus einem umfassenden Kontext, in den alle Wissenschaften und Künste einbezogen sind. Bacons Systematik der Wissenschaften ist

7 Die große Reverenz, die Bacon der Theologie und der christlichen Religion ganz allgemein erweist, ist im 13. Jahrhundert ganz selbstverständlich. Die Elemente säkularen Denkens machen sich daher nicht unvermittelt geltend. Aber dies darf nicht dazu verleiten, den Wandel im Stellenwert der Transzendenz zu übersehen. Bacons Auffassung der irdischen Gemeinschaft hat sich gegenüber der des Augustinus grundlegend verändert. Eschatologie und religiöser Glaube sind eben nicht das „zentrale Element“ der *civitas*, wie es erst jüngst die Übersetzerin der *Moralis philosophia* in ihrer Einleitung behauptet hat. Cf. P.A. Antolic-Piper (Hrsg.), *Roger Bacon, Opus maius. Eine moralphilosophische Auswahl*, Freiburg i. Br. 2008, S. 63.

8 Roger Bacon, *Opus tertium*, S. 19. (Im übrigen ist vor allem die Nützlichkeit eines jeden Dinges in Betracht zu ziehen. Diese Nützlichkeit besteht aber in dem Zweck, dessentwegen das Ding da ist: wie der Zweck eines Hauses der Schutz vor Hitze und Kälte und vor anderen Unbilden des Wetters sowie vor Raubtieren und Gefahren dieser Art ist. Wer diesen Zweck eines Hauses nicht kennt, wird nie ein Haus bauen.)

daher weniger hierarchisch, wie die herkömmlicher Wissenschaftseinteilungen, als vielmehr gleichsam organisch. „*Nam omnes scientiae sunt connexae, et mutuis se fovent auxiliis, sicut partes ejusdem totius, quarum quaelibet opus suum peragit, non solum propter se sed pro aliis: ut oculus totum corpus dirigit, et pes totum sustentat et de loco ad locum deducit; et sic de aliis. Unde pars extra totum est sicut oculus erutus vel pes abscissus ; et sic erit de partibus sapientiae: nam nulla consequitur sui utilitatem sine alia, cum sint partes ejusdem sapientiae totalis.*“[9]

Diesem enzyklopädischen Modell liegt eine Vorstellung von Arbeitsteilung zugrunde, nach dem wissenschaftliche Erkenntnis in einem universalen kooperativen Kontext erfolgt, in dem kein Teil vernachlässigt werden kann ohne das Ganze zu gefährden. Die Gliederung des wissenschaftlichen Universums in ein Oben und Unten relativiert sich daher, weshalb Bacon ja auch an verschiedenen Stellen je andere Disziplinen als höchste Wissenschaft bezeichnet hat. Die *sapientia totalis* stellt sich durch den wechselseitigen teleologischen Bezug der Teilwissenschaften her und hat zugleich insgesamt ein heilsgeschichtliches Telos.

Diese Auffassung ist, wie Bacons Denken überhaupt, traditionell und zugleich eine Neuerung. Vordergründig konvergiert die Teleologie mit der Theologie, und Bacons Konzeption der Gesamtwissenschaft erscheint als bloße Apologetik. Manche katholischen Interpreten der letzten Jahrzehnte haben deshalb die Meinung vertreten, Bacon versuche die Sphäre weltlicher Wissenschaft, wie Bonaventura, auf die Theologie zu reduzieren und leugne damit die Selbständigkeit des säkularen Geistes.[10] Dem ist ebenso zu wi-

9 Op. cit., S. 18. (Alle Wissenschaften sind untereinander verbunden und leisten sich gegenseitig Hilfe, wie die Teile eines Ganzen, von denen ein jedes seine Arbeit leistet, nicht nur um seiner selbst, sondern auch um der anderen willen, so wie das Auge den ganzen Körper lenkt und der Fuß das Ganze stützt und von einem Ort zum anderen führt, u.s.w. Daher ist ein Teil außerhalb des Körpers wie ein ausgerissenes Auge oder ein abgeschnittener Fuß, und so verhält es sich auch mit den Teilen der Wissenschaft, denn keiner kann seine Nützlichkeit ohne den anderen entfalten, denn sie sind Teile einer und derselben Gesamtwissenschaft.)

10 Zu nennen sind hier exemplarisch Raoul Carton, Erich Heck und Frank

dersprechen wie den Autoren, die Bacon allzu rasch unter die modernen Positivisten rechnen, sei es nach dem Modell von Auguste Comte oder nach dem der analytischen Philosophie.[11]

Finkenberg. Carton sieht die Synthese der Lehre Bacons in Opposition zum mittelalterlichen Rationalismus der sogenannten lateinischen Averroisten. Seine christliche Weisheit übe hier geradezu einen „impérialisme religieux“ aus. In diesem Sinne wird die alles beherrschende Rolle der Theologie herausgestellt. Cf. R. Carton, *La synthèse doctrinale de Roger Bacon*, Paris 1924, S. 73. – Heck arbeitet in seiner Studie heraus, wie stark Roger Bacon der mittelalterlichen Vorstellung vom baldigen Kommen des Antichrist bestimmt war und daß seine Wissenschaft hauptsächlich dazu dienen sollte, die auf die Astrologie gestützte Macht des Antichrist zu brechen. Hierzu sollte der Papst die Initiative ergreifen und die Wissenschaften insgesamt auf eine neue kämpferische Basis stellen. Die apokalyptische Tendenz ist bei Bacon durchaus zu finden, aber es ist nicht das alles beherrschende Motiv. Eine „Apologetik mit empirischen Mitteln“ stiftet nicht den Zusammenhang von Bacons Denken. Cf. E. Heck, *Roger Bacon. Ein mittelalterlicher Versuch einer historischen und systematischen Religionswissenschaft*, Bonn 1957, S. 116-120 und 166-178. – Finkenberg betont zu Recht die wechselseitige Verwiesenheit von Theologie und profanen Wissenschaften im Denken Bacons, degradiert die letzteren am Ende aber zu bloßen Hilfswissenschaften der ersteren. Die große Bedeutung, die den Naturwissenschaften bei Bacon zukommt, läßt Finkenberg unberücksichtigt. Das Eigengewicht des weltlichen wissenschaftlichen Fortschritts, den Bacon trotz seiner traditionellen Grundorientierung geradezu propagiert, entgeht ihm dabei. Folgerichtig protestiert er denn auch gegen die Einsicht Berubés, Bacon habe nicht die Wissenschaften in der Theologie aufgelöst, sondern umgekehrt die Theologie auf die Wissenschaft relativiert. Cf. F. Finkenberg, S. 74 und 102.

11 Im Zuge der Vereinnahmungen für die neuzeitlichen naturwissenschaftlichen Szientismus war es der Herausgeber des *Opus maius*, John Henry Bridges, der Bacon in seiner ausführlichen Einleitung zu diesem Werk als Vorläufer Comtes interpretiert hat. Cf. *Opus maius*, op. cit., Bd.I, *Introduction*, S. XCII. In ähnlichem Sinne hat B. Clegg Bacon noch vor kurzem als den „first scientist“ dargestellt, der neben anderen neuzeitlichen Errungenschaften auch eine Atomtheorie zumindest „erträumt“ habe. Cf. *The First scientist. A life of Roger Bacon*, London 2003, S. 69f.

Zwar hat Bacon insofern ein apologetisches Interesse als er das Christentum nicht nur durch die muslimischen Sarazenen bedroht sieht, sondern auch durch die Tataren, die er als Werkzeuge des Antichrist betrachtet[12], aber deshalb ruft er die Christenheit eben nicht zur Rückkehr zum monastischen Ideal des *contemptus mundi* und damit auch zum Verzicht auf die weltliche Wissenschaft auf, wie es Petrus Damiani und andere Autoren zur Zeit der Gregorianischen Reform im 11. Jahrhundert getan haben. Nicht die gewollte Ignoranz gegenüber den bei nichtchristlichen Völkern gepflegten Wissenschaften und Künsten sichert die Überlegenheit des Christentums, sondern im Gegenteil nur deren sorgfältige Rezeption an den Originalquellen kann der christlichen Welt gegen die heranrückende Gefahr der Tataren und gegen die durch sie heraufbeschworene Herrschaft des Antichrist dem verheißenen Heil näher bringen. Das gilt auch für die Astrologie, soweit sie als wahre,

12 Im Zusammenhang seiner kurzen Darstellung der Astrologie als Wissenschaft im vierten Teil des *Opus maius* kommt Bacon auf die Tataren und Sarazenen zu sprechen, die sich das astrologische Wissen über die Einwirkung der Konstellationen auf die irdischen Verhältnisse für ihre Eroberungsfeldzüge zunutze machten. Deren Erfolge seien als Zeichen für das Nahen des Antichrist zu deuten, dessen Schreckensherrschaft nur durch eine ebenso gute astrologische Beratung der christlichen Feldherren gemildert werden könne. „*Nam solum pro consideratione sapientiali haec scribo, sed propter pericula quae contingunt et contingent Christianis et ecclesiae Dei per infideles, et maxime per Antichristum, quia ipse utetur potestate sapientiae, et omnia convertet in malum. Et per hujusmodi verba et opera stellificanda, et magno desiderio malignandi componenda cum intentione certissima et confidentia vehementi, ipse infortunabit et infascinabit non solum personas singulares, sed civitates et regiones.*“ (*Opus maius*, Bd. I, S. 399. Nicht allein zum Zwecke wissenschaftlicher Betrachtung schreibe ich dies, sondern wegen der Gefahren, die den Christen und der Kirche Gottes durch die Ungläubigen drohen und drohen werden, besonders aber durch den Antichrist, weil er selbst die Macht der Wissenschaft nutzt und alles zum Üblen wendet. Durch solche auf die Sterne bezogene Worte und Taten, mit einem starken Wunsch, Übles zu tun, verbunden mit der festesten Absicht und einem heftigen Selbstvertrauen wird er nicht allein einzelne Personen, sondern ganze Staaten und Regionen ins Unglück stürzen und verzaubern.)

d.h. mathematisch und nicht magisch vorgehende Wissenschaft auftritt, denn die großen Erfolge der islamischen Eroberer und dann der Tataren beruhten nach Bacons Überzeugung auf astrologischen Berechnungen der den jeweiligen Feldzügen günstigen Konstellationen. „*Et ideo Tartari procedunt in omnibus per viam astronomiae, et in praevisione futurorum et in operibus sapientiae.*"[13] Bacons Konzeption einer als *sapientia totalis* verstandenen Wissenschaft, deren Einzeldisziplinen einander arbeitsteilig nützlich sind, relativiert die Wissenschaft vom Absoluten, Göttlichen auf die empirische wissenschaftliche Erkenntnis, denn auch für diese ist die Hinordnung auf das Endziel des Heils der Menschen nützlich, liefert sie doch der Forschung eine moralische Orientierung. Deren Nutzen realisiert sich in der profanen, diesseitigen Praxis, nämlich in der Verbesserung der menschlichen Lebensverhältnisse. Ist dem so, dann hat in der Wissenschaft nicht das Göttliche den Primat, sondern der Nutzen, den die Ausrichtung der Wissenschaft an einem jenseitigen Ziel hat. In diesem Sinne hat Bacon teil an der großen geistigen Entwicklung zum säkularen Denken.

Bacons *philosophia moralis* hat mehrere Momente. Zum einen enthält sie eine Tugendlehre, zum anderen Reformvorschläge, nach denen sich das geistige und das politische Leben der Menschen ändern soll. Ein charakteristisches Element ist Bacons Betrachtung der außerchristlichen Religionen, die in dieser Ausführlichkeit bei anderen Philosophen des Mittelalters nicht zu finden sind. Die Gottesvorstellungen von Heiden[14], Juden, Muslimen (Sarazenen) Brahmanen, Buddhisten und Tataren, außerdem verschiedener christlicher Sekten wie der Nestorianer untersucht Bacon auf ihre moralische Bedeutung hin. Hier ist er auf einem weiteren Gebiet seiner Zeit voraus. Er ist nämlich der erste, der außer Judentum und Islam die fernöstlichen Religionen in Betracht zieht, die bis dahin im Abendland gar nicht bekannt waren. Bacon hat von ihnen durch die Reiseberichte von Missionaren der Bettelorden erfahren.

[13] Op. cit., S. 400. (Die Tataren verfahren in allen Dingen auf dem Wege der Astronomie, sowohl in der Voraussicht des Zukünftigen als auch in den Werken der Wissenschaft.)

[14] Hier meint er die osteuropäischen, damals noch nicht christianisierten Völker.

Er zitiert vor allem Wilhelm von Rubruk, mit dem er in Kontakt stand und dessen Bericht über seine Reise nach Zentralasien ihm als Quelle diente.[15] Zwar steht für ihn außer Frage, daß das Christentum die höchste Stufe der Religion darstellt, aber die fremden Religionen behandelt er als eigenständige geistige und politische Gestalten.[16] Von besonderem Interesse ist ihm deren Auffassung vom Heil der Menschen. Die Typologie der Religionen, die Bacon hiernach entwirft, betrachtet sie immerhin als vergleichbare Erscheinungen, die also etwas objektiv Gemeinsames haben. Deshalb sollen die Anhänger der außerchristlichen Religionen nicht durch Feuer und Schwert, sondern durch geistige Mittel, durch Wissenschaft und die Evidenz der Argumente bekehrt werden. Darin besteht eines der Hauptanliegen der Baconschen Moralphilosophie, die den Krieg ächtet und die militärische Anwendung naturwissenschaftlicher Erkenntnisse mißbilligt. Gewalt dieser Art sei nämlich das Herrschaftsmittel des Antichrist, gegen den sich die Christenheit auf andere Weise, durch die Evidenz der Erfahrungswissenschaft, entgegensetzen muß: „*Et imperat aliis scientiis, sicut ancillis suis, et ideo tota sapientiae speculativae potestas isti scientiae specialiter attribuitur. Et jam ex istis scientiis tribus patet mirabilis utilitas in hoc mundo pro ecclesia Dei contra inimicos fidei, destruendos magis per opera sapientiae quam per arma bellica pugnato-*

15 Der Franziskaner Wilhelm von Rubruk erhielt 1252 von Papst Innozenz IV. den Auftrag zu einer Reise nach Zentralasien, um dort Mission zu treiben und nahm im Verlaufe dieser Expedition zu dem mongolischen Großkhan in Karakorum Kontakt auf. Die Mongolen sollten für eine Unterstützung des christlichen Kampfes gegen den Islam gewonnen werden. Dieser Plan schlug fehl, aber Wilhelm traf zu interreligiösen Gesprächen mit Buddhisten, Nestorianern und Muslimen zusammen. Er berichtet von seiner abenteuerlichen Reise in seiner Schrift *De moribus Tartarorum*, in deutscher Übersetzung publiziert unter dem Titel *Beim Großkhan der Mongolen 1253-1255*, hrsg. v. H.D. Leicht, Lenningen 2003. Wilhelm verfaßte den Bericht für den französischen König Ludwig IX. in Akkon, wo er sich 1255 bis zu seiner Rückkehr nach Paris aufhalten mußte. Dort hat ihn Bacon vermutlich getroffen.

16 Diesem Aspekt des Baconschen Werkes ist das Buch von E. Heck, op. cit. gewidmet. Es ist die einzige Veröffentlichung, die hierauf eingeht.

rum; quibus Antichristus copiose et efficaciter utetur, ut omnem hujus mundi potentiam conterat et confundat.“[17]

Wenn auch die besondere Mission des Christentums herausgestellt werden soll, so sind die anderen Religionen doch Elemente einer Objektivität, die sich mit Notwendigkeit in der Zeit entfaltet. In diesem Zusammenhang rekurriert Bacon auf die Astrologie, die, mathematisch betrieben, von großer Nützlichkeit für die Theologie sei, da sie zwar nicht die einzelnen Handlungen der Menschen, aber die Bedingungen für die großen geschichtlichen Umwälzungen im voraus anzugeben vermöge. So seien es die Konjunktionen des Jupiter, nach denen sich die Heraufkunft der durch die verschiedenen Religionen geprägten Zeitalter bestimmen lasse. „*Et significat [Jupiter] super sapientiam et intellectum et solutionem somniorum et divinum cultum fidem et legis doctrinam, religionem et Dei timorem et aptationem morum et multa talia ut astronomi narrant. [...] Volunt ergo philosophi Jovem ex sua conjunctione cum aliis planetis significare super sectam religionum et fidei. Et quia sunt sex planetae quibus complecti et conjungi potest, ideo asserunt sex fore debere in mundo sectas principales.*“[18] Große politische Umwälzungen

[17] Roger Bacon, *Opus maius,* Bd. II, S. 221. ([Die Moralphilosophie] gebietet den anderen Wissenschaften als ihren Mägden, und deshalb wird die ganze Kraft der spekulativen Wissenschaft dieser Wissenschaft besonders zugute kommen. Schon in diesen drei Wissenschaften zeigt sich deren wunderbare Nützlichkeit für die Kirche in dieser Welt und gegen die Feinde des Glaubens, die mehr durch die Werke der Wissenschaft zu besiegen als durch Kriegswaffen zu bekämpfen sind, derer der Antichrist sich reichlich und erfolgreich bedient, um alle Macht in dieser Welt zu zermalmen und zu verwirren.)

[18] Roger Bacon, op. cit., Bd. I, S. 254f.(Jupiter verkündet [das Künftige] über die Weisheit, den Verstand, die Erklärung der Träume, den Glauben und die Verehrung Gottes, die Rechtslehre, die Religion und die Gottesfurcht sowie die Veränderung der Sitten und vieles andere, von dem die Astronomen erzählen. [...] Die Philosophen behaupten also, daß Jupiter in seiner Konjunktion mit anderen Planeten über die Religions- und Glaubensgemeinschaften verkünde. Und da es sechs Planeten gibt, mit denen er sich vereinigen und verbinden kann, so versichern sie, daß es sechs hauptsächliche Religionsgemeinschaften geben müsse.)

geschehen auch im Zeichen der Konjunktion von Saturn und Jupiter, die sich alle 960 Jahre wiederholt. Das Zeitalter, in dem Bacon selber lebte, bedarf besonderer moralischer Anstrengung, denn es steht nach seinen astrologischen Berechnungen vor einer solchen Schwelle, die vor dem Kommen des Antichrist liegt. Zeichen dessen sind für ihn die Mongolenstürme, denen der Islam erliegen werde. Dessen Untergang ist zwar erwünscht, aber danach droht die Epoche völliger sittlicher Korruption, die durch die Konjunktion des Merkur und des Mondes begünstigt wird.[19]

Sind demnach die großen Epochen der menschlichen Geschichte und Heilsgeschichte an objektive Naturprozesse gebunden, so fragt sich, welche Bedeutung eine Moralphilosophie noch haben kann. Die Freiheit des Willens und des Handelns ist in dem Entwurf Bacons nicht eigentlich thematisiert. In der Einleitung zum *Secretum secretorum* versichert Bacon lediglich, daß der Einfluß der Konstellationen das Schicksal der Menschen nur in seinen allge-

[19] Cf. l.c., S. 261f.: „*Si vero complectatur Lunae, dicunt domini astronomiae, quod erit lex Lunae et ultima, quia circulus Lunae est ultimus, et haec erit lex corruptionis et foeda quae violabit omnes alias leges et suspendat eas [...]. Luna enim, ut dicunt, significat super nigromantiam et mendacium, et ideo lex Lunae erit nigromantica et magica et mendosa. [...] Et hoc, ut dicunt, statuetur ab aliquo magno et potente qui praevalebit aliis, et aestimant astronomi fideles tam moderni quam antiqui quod haec est lex Antichristi, quia ille ultimo in fine mundi adveniet, et inducet legem corruptionis, et infatuabit mundum per artem magicam et mendacia sua.*" (Wenn sich also Merkur mit dem Mond verbindet, dann, so sagen uns die Herren Astronomen, wird das Gesetz des Mondes als das letzte herrschen, denn der Kreis des Mondes ist der letzte. Dies wird das Gesetz schrecklicher Verderbnis sein, das alle anderen Gesetze verletzt und sie aufhebt. [...] Der Mond aber verkündet, wie sie sagen, über die Totenbeschwörung und die Lüge, deshalb ist das Gesetz des Mondes das totenbeschwörende, magische und lügnerische. [...] Und dies werde, so sagen sie, von einem Großen und Mächtigen errichtet, der alle anderen übertrifft. Die zuverlässigen Astronomen, sowohl die modernen wie die alten, sagen, dies sei das Gesetz des Antichrist, weil dieser schließlich am Ende der Welt kommen wird, um das Gesetz der Verderbnis einzuführen und die Welt durch magische Kunst und Lügen zu verzaubern.)

meinen Bedingungen und nicht in den Einzelheiten beeinflusse. Er kritisiert die *matematici falsarii,* die alle natürlichen und willentlichen Prozesse als notwendige behaupten. „*Matematici igitur qui sunt falsarii omnia dixerunt evenire de necessitate et per fatum, et non solum in naturalibus set in voluntariis. Unde posuerunt quod infans natus in constellacione tali vel tali erit de necessitate talis vel talis, et presumunt per hoc judicare de omnibus, futuris et presentibus, occultis et preteritis, certitudinaliter.*"[20] Die wissenschaftlich verfahrende Astrologie sage demgegenüber nicht, daß etwas notwendig geschehen werde, sondern nur, daß es sich möglicherweise ereignen könne. Die Kontingenz in den willentlichen und sogar in den natürlichen Ereignissen rührt vom Willen Gottes her, der den gesetzmäßigen Lauf der Dinge und auch das durch die Sterne bewirkte Fatum ändern kann. „*Set veri matematici hec tria non presumunt, quia nec de necessitate judicant aliquid fore vel esse vel fuisse in istis inferioribus contingentibus et voluntariis, nec de omnibus judicia ponunt, set de aliquibus, nec absolute certitudinaliter docent unam partem contradiccionis, ut quod iste infans erit bonus aut malus, set quod erit bonus vel episcopus si Deus voluerit.*"[21] Diese Ausnahmen von der Regel weisen aber keineswegs auf die menschliche Freiheit, sondern auf eine weitere Heteronomie. Die Freiheit, die Bacon Gott einräumt, setzt außerdem die Ergebnisse der *scientia experimentalis* zu einem bloß wahrscheinlichen Wissen herab und das nicht wegen der von anderen Autoren sonst ange-

20 Roger Bacon, *Secretum secretorum,* hrsg. v. R. Steele, S. 3. (Die falschen Mathematiker haben gesagt, daß alles durch Notwendigkeit und Schicksal geschehe, und dies nicht nur in den Naturvorgängen, sondern auch in den Willenshandlungen. So haben sie behauptet, daß ein Kind, das in dieser oder jener Konstellation geboren werde, notwendig so oder so werde und dadurch geben sie vor, über alles, das Zukünftige, und das Gegenwärtige, das Verborgene und das Vergangene mit Gewißheit urteilen zu können.)

21 L.c., S. 3f. (Aber die wahren Mathematiker geben diese drei Dinge nicht vor, denn sie urteilen weder, daß etwas im Bereich des niederen Zufalls geschehen sei, sei oder gewesen sei, noch urteilen sie über alle Dinge, sondern nur über einige und behaupten auch nicht mit Gewißheit die eine Seite des Gegensatzes, daß dieses Kind gut oder böse werden wird, sondern daß es gut oder ein Bischof wird, wenn Gott es wollen wird.)

führten Unvollkommenheit des menschlichen Erkenntnisvermögens, sondern wegen der Unberechenbarkeit ihrer ersten Ursache. Die Welt ist unter der Prämisse vollkommener Freiheit des göttlichen Willens ontologisch ungewiß, weil jegliche Gesetzlichkeit ebenso gut sich in ihr Gegenteil verwandeln könnte, wenn Gott es will. „*Unde cum prevident possibilitatem rei alicujus contingentis in naturalibus vel in voluntariis, non dicunt quod de necessitate continget, set quod potest contingere, et continget quantum est de vi causarum suarum, et quod erit nisi Deus mutet ordinacionem nature vel voluntatis.*“[22] Zwar ist Bacon kein Voluntarist im Sinne mancher seiner Ordensbrüder, aber dieses Lehrstück, das ihn vor dem Vorwurf des Naturdeterminismus schützen sollte, steht im Widerspruch zu seiner eigenen Theorie der Naturwissenschaft, die das Verfahren sicherer Kausalerkenntnis entwickeln und gerade in ihrer Notwendigkeit das Wirken der göttlichen Weisheit entdecken sollte.[23]

Es ist kein Zufall, daß Bacon seine ethischen Reflexionen fast ausnahmslos an Seneca und Aristoteles orientiert. Vor allem von dem ersteren übernimmt er sogar lange Zitate unkommentiert als eigene Position.[24] Der aristotelischen Ethik entnimmt Bacon die Lehre von der μεσότης, der rechten Mitte zwischen verwerflichen Extremen, als welche die ethischen Tugenden zu verstehen sind. Die stoische Tugendethik, der Bacon in vielen Einzelheiten folgt, steht hierzu keineswegs durchweg im Einklang, so daß sie die Elemente beider problemlos kombinieren ließen.[25] Die rigorose Affektenlehre wendet sich mehr an das Individuum als daß ihr – wie

22 L.c., S. 4. (Wenn sie [die wahren Mathematiker] die Möglichkeit eines zufälligen Dinges in den Naturvorgängen oder in den Willenshandlungen voraussehen, so sagen sie nicht, daß es mit Notwendigkeit geschehen werde, sondern daß es geschehen könne und geschehen werde, soweit die Kraft seiner Ursachen reiche und Gott nicht die Ordnung der Natur oder des Willens ändere.)

23 Cf. hierzu J. Hackett, *Roger Bacon on Astronomy-Astrololgy: The Sources of the 'scientia experimentalis'* in: J. Hackett, *Bacon and the Sciences*, S. 186f.

24 Roger Bacon hat die Werke Senecas für seine Zeit geradezu neu entdeckt. Cf. J. Hackett, *Epilogue: Roger Bacon's Moral Science*, in J. Hackett, *Roger Bacon and the Sciences*, S. 407.

25 Letzteres meint P. Antolic-Piper, op. cit., S. 52.

bei Aristoteles – die Polis als Norm alles ausgewogenen Verhaltens vorausgesetzt wäre. Die stoische Lehre paßt indessen zu der von Bacon favorisierten Theorie vom naturgesetzlich geschlossenen Kosmos, in dem die Sterne auch das menschliche Schicksal bestimmen. Die Stoa, zu der auch Seneca gehört, lehrt nämlich das *fatum*, bei den griechischen Autoren εἱμαρμένη oder πρόνοια genannt. In diesem Begriff kommt die eigentümliche Mittelstellung des Weltprozesses als einer subjektlosen kausalen Verkettung und einem unsichtbar gelenkten Heilsgeschehen zum Ausdruck. Bacon hat diese Parallele nicht reflektiert, denn sonst wäre seine eigentliche Intention, durch eine Reform der Wissenschaft die politischen Bedingungen des Lebens der Christenheit zu ändern, nicht möglich gewesen. Ein solches Vorhaben setzt nämlich Freiheit nicht nur im Bereich des individuellen, sondern auch des kollektiven Handelns voraus. Die Menschheit müßte gleichsam den historisch fälligen Entschluß fassen und ihn praktisch umsetzen.

Die in verschiedenen Werken Bacons angestellten Überlegungen zur Reform des Universitätsstudiums und seine Anklage der in der Kirche seiner Zeit herrschenden Korruption sind in diesem Sinne zu verstehen. Das *Opus maius* beginnt mit der Analyse der Gründe für die menschliche Unwissenheit und die daraus resultierenden Irrtümer – Reflexionen, die im *Compendium studii philosophiae* und im späten *Compendium studii theologiae* nochmals aufgenommen werden. Diese Erörterung hat von vornherein praktische Bedeutung, sind doch die Irrtümer nicht allein in der Wissenschaft schädlich, sondern auch in der Gesellschaft, die in der Anwendung von deren Lehren sich auf Falsches stützt. Das Licht der Wissenschaft leitet die geistliche wie die weltliche Gemeinschaft und fördert sie weit besser als blutige Gewalt: „*Nam per lumen sapientiae ordinatur ecclesia Dei, respublica fidelium disponitur, infidelium conversio procuratur; et illi qui in malitia obstinati sunt valent per virtutem sapientiae reprimi, ut melius a finibus Ecclesiae longius pellantur, quam per effusionem sanguinis Christiani.*“[26]

[26] Roger Bacon, *Opus maius*, Bd. III, S. 1. (Denn durch das Licht der Weisheit wird die Kirche Gottes geleitet, der Staat der Gläubigen eingerichtet, die Bekehrung der Ungläubigen besorgt; und diejenigen, die in der Bosheit verstockt sind, werden besser durch die Kraft der

Bacon unterscheidet vier Ursachen von Irrtum, das schlechte Beispiel falscher Autorität, die lange Dauer von Gewohnheiten, die Meinung der unkundigen Menge und das Bestreben, die eigene Unwissenheit hinter zur Schau getragener Weisheit zu verbergen. *„Ex his autem pestibus mortiferis accidunt omnia mala generis humani.*"[27] Der Irrtum hat also moralische Gründe und Folgen, die es durch die Wissenschaft zu überwinden gilt. Dies kann nicht allein durch den Einzelnen erfolgen, sondern durch eine Umgestaltung der allgemeinen Bedingungen, unter denen Wissen erworben wird. Wissenschaft im umfassenden Sinne hat also für Bacon eine politische Bedeutung, die mit der neuerdings hervorgehobenen franziskanischen Spiritualität nichts zu tun hat. Gleichwohl konzentrieren sich Bacons Vorstellungen zu einer Reform des Universitätsstudiums auf die Theologie, deren Grundlage er neu gestalten wollte. Weniger als bis tief ins 13. Jahrhundert üblich soll die bloße Autorität immer wieder zitierter und kommentierter Autoren maßgebend sein. Der seit der Gründung der ersten Universitäten eingespielte Rhythmus der *lectiones* und *disputationes* schien Bacon allzu schematisch, um die Fülle des Wißbaren zu erforschen und zu übermitteln. Die Reduktion der Natur auf ihre begrifflich und syl-

Wissenschaft unter Druck gesetzt, damit sie nachhaltiger von den Zielen der Kirche beeindruckt werden als wenn christliches Blut vergossen wird.)
Die drei ersten Teile des Werkes hat J.H. Bridges im dritten Band seiner Ausgabe nochmals ediert, da die im ersten Band veröffentlichte Fassung Fehler aufwies, die er aufgrund besserer Kenntnis einschlägiger Handschriften korrigieren konnte.

27 L.c., S. 2. (Aus dieser todbringenden Pest entspringen alle Übel der menschlichen Gattung.)
Hier liegt in der Tat eine Parallele zur Idolenlehre in Francis Bacons *Novum organum scientiarum.* Allerdings werden in diesem Werk die Irrtümer nicht allein aus individuellen intellektuellen Fehlhaltungen erklärt, sondern auch als Folgen eher objektiver Gegebenheiten wie der sozialen Lage und des menschlichen Geistes überhaupt bestimmt. Dennoch sind Francis Bacons *idola specus* als individuelle Gewohnheiten zu verstehen und die *idola theatri* führt er selbst auf den irrtümerträchtigen akademischen Betrieb zurück. (Cf. Francis Bacon, *Neues Organon,* lat.-dt., hrsg. v. W. Krohn, Hamburg 1990, S. 100-145.)

logistisch faßbare Struktur verfehlt nach seiner Einsicht die Erfahrung, die von gewohnten und vorgefaßten theoretischen Schemata abweicht.

Die Denkgewohnheiten der Mehrzahl der *magistri* und *baccalaurei*, die er *vulgus* oder *multitudo* nennt, sind ein weiteres Hindernis wahrer Wissenschaft, wenn sie ungeprüfte Meinungen und nicht gesicherte Resultate vermitteln. Schlimmer als der hierdurch geförderte Konformismus ist die Eitelkeit gewisser Lehrender, die ihre Ignoranz hinter vorgespiegelter Gelehrsamkeit verstecken. Bacon beklagt den hierdurch entstehenden Schaden sehr heftig und verlangt dringend Abhilfe: „*Et propter stultitiae magnitudinem ponunt summos labores, consumunt tempora multa, magnas expensas effundunt in his, quae nullius utilitatis vel parvae sunt, nec dignitatis alicujus secundum judicium sapientis; et ideo necesse est ut violentia et malitia harum quatuor causarum omnis mali cognoscantur in principio, et reprobentur, et longius a consideratione sapientiae relegentur.*“[28] Daraus folgt ein Aufruf zur Ächtung der nach Bacons Überzeugung verderblichen Haltung der etablierten akademischen Lehrer, denn wo auch nur die drei erstgenannten Untugenden herrschen, ist allgemeine Verderbnis die Folge: „*Nam ubi haec tria dominantur, nulla ratio movet, nullum jus judicat, nulla lex ligat, fas locum non habet, naturae dictamen perit, facies rerum mutatur, ordo confunditur, praevalet vitium, virtus extinguitur, falsitas regnat, veritas exsufflatur. Et ideo nihil magis necessarium consideratione, quam certa damnatio istorum quatuor per sententias sapientum electas, quibus non poterit contradici.*“[29]

[28] L.c., S. 3. (Und aus Torheit bürden sie der Menge große Lasten auf, sie verbrauchen viel Zeit, geben viel Geld aus für Dinge, die keinen oder nur geringen Nutzen haben und nach dem Urteil der Weisen auch zu niemandes Ehre gereichen. Deshalb muß die Gewalt und die Bösartigkeit dieser vier Ursachen von Grund auf erkannt und geächtet werden und müssen aus der Betrachtung der Wissenschaft ausgeschlossen werden.)

[29] L.c. (Wo diese drei herrschen, bestimmt keine Vernunft, richtet kein Recht, bindet kein Gesetz, hat das göttliche Geheiß keinen Ort, geht das Gebot der Natur zugrunde, das Gesicht der Dinge ändert sich, die Ordnung wird umgestürzt, ist das Laster übermächtig, die Tugend erlischt, die Falschheit regiert, die Wahrheit wird ausgetrieben. Daher ist nichts

In dem eitlen und nutzlosen universitären Betrieb sieht Bacon den Grund für die Korruption der Kirche, die doch die Aufgabe hätte, die Menschheit gegen die heraufkommende Schreckensperiode moralisch zu stärken und zum Heil zu führen. „*Nam Curia Romana, quae solebat et debet regi sapientia Dei, nunc depravatur constitutionibus imperatorum laïcorum, factis pro proprio laïco regendo, quas jus civile continet. Laceratur enim illa sedes sacra fraudibus et dolis injustarum. Perit justitia, pax omnis violatur, infinita scandala suscitantur. Mores enim sequuntur ibidem perversissimi; regnat superbia, ardet avaritia, invidia corrodit singulos, luxuria diffamat totam illam curiam, gula in omnibus dominatur.*"[30] Der höhere Klerus ist von Geldgier besessen und betreibt üble Vetternwirtschaft, Mißstände, die Bacon zu dem Verdikt bringen: „*Totus clerus vacat superbiae, luxuriae, et avaritiae.*"[31] Die weltliche Sphäre befindet sich in keinem besseren moralischen Zustand. Im Gegenteil, hier regieren Betrug, List und Unterdrückung, die sich mit der Verschwendungssucht der Herrschenden verbinden. „*Populus, jam irritatus per principes, odit eos, et ideo nullam fidem tenent eis ubi possunt evadere; et corrupti per mala exempla majorum ad invicem se premunt, et dolis et fraudibus circumveniunt ut ubique conspicimus ad oculum; et totaliter luxuriae et gulae dediti sunt et depravantur, plus quam valeat enarrari.De mer-*

nötiger zu erwägen als eine klare Verdammung dieser vier [Ursachen des Irrtums] durch den Spruch von Gott erwählter Weiser, denen niemand wird widersprechen können.)

30 Roger Bacon, *Compendium studii philosophiae*, in: J.S. Brewer (Hrsg.), op. cit., S. 398f. (Die römische Kurie, wo die Weisheit Gottes zu regieren pflegte und regieren sollte, wird jetzt durch die Dekrete von Laienkaisern verunstaltet, die für die zu regierenden Laien gemacht waren, welche das bürgerliche Recht bindet. Der heilige Stuhl wird nämlich von Betrug und ungerechter List zerrissen. Die Gerechtigkeit geht zugrunde, der Friede wird gänzlich gestört, ungezählte Skandale werden erregt. Dort herrschen verdorbenste Sitten; es regiert der Hochmut, es lodert die Habgier, der Neid zerfrißt die Einzelnen, Verschwendungssucht bringt jene ganze Kurie in Verruf, die Genußsucht beherrscht alles.)

31 L.c., S. 399. (Der ganze Klerus gibt sich dem Hochmut, der Genußsucht und der Habgier hin.)

catoribus et artificibus non est quaestio, quia in omnibus dictis et factis eorum regnat fraus,et dolus, et falsitas ultra modum. "[32]

Bacon hat seine Vorstellungen zur Reform des wissenschaftlichen Studiums im Bewußtsein des historischen Augenblicks entwickelt. So spielt er nicht nur auf die Mongolenstürme und auf die Auseinandersetzungen mit den Sarazenen an, sondern auch auf die Kriege im Inneren des christlichen Bereiches. Den Aufstand der Barone (1258–1265) in England erwähnt er ebenso wie die Eroberung der kontinentalen englischen Territorien durch Ludwig IX. und auch den Sieg Karls von Anjou über die Erben der Staufer in Italien. Alles dieses hält er für deutliche Anzeichen des Umbruchs, unter dem die Menschen zu leiden haben. „*Principes et barones, et milites premunt et spoliant se mutuo, et populum subjectum confundunt bellis et exactionibus infinitis, quibus nititur aliena rapere; etiam ducatus [et] regna, sicut videmus his temporibus adimpleri.*"[33]

Gegen diese Übel setzt Bacon auf die zivilisierende Kraft des wahren Wissens, das durch die Wissenschaften gefördert wird, wie er sie entwirft. Statt des falschen Scharfsinns der theologischen und juristischen Disputationen über die *Sentenzen* des Petrus Lombardus und die Kanonistik Gratians soll vor allem das Studium der Sprachen gefördert werden. Außerdem müssen Mathematik, Astronomie und Astrologie, die wie Alchemie und Optik zur *scientia experimentalis* gehören, als Pflichtfächer etabliert werden.[34]

32 L.c., S. 400. (Das Volk, vollends gegen die Fürsten aufgebracht, haßt sie, und deshalb halten [die Menschen] ihnen keine Treue, wo immer sie ihnen entkommen können. Sie sind verdorben durch das schlechte Beispiel ihrer Herren und unterdrücken sich wechselseitig und umgarnen sich mit Listen und Betrügereien, wie wir es überall augenfällig zu Gesicht bekommen. Sie sind vollkommen der Genußsucht und der Gefräßigkeit verfallen und sind verdorben, mehr als man erschöpfend beschreiben kann. Bei den Kaufleuten und Handwerkern herrschen ohne Frage in allem was sie sagen und tun, Betrug, List und Falschheit im Übermaß.)

33 L.c., 399. (Die Fürsten, Barone und Kriegsherren unterdrücken und berauben sich wechselseitig, und das ihnen untergebene Volk bringen sie durch Kriege und grenzenlose Geldabgaben durcheinander, durch die sie sich bemühen, fremdes Gut zu rauben, auch Herzogtümer und Königreiche, wie wir es in diesen Zeiten geschehen sehen.)

34 Cf. op. cit., S. 433.

Für Bacon ist die Reform der Wissenschaft im Grunde das einzige politische Programm, durch das die Christenheit ihren Feinden begegnen kann. Wissenschaft und ihre technische Anwendung kann sie ihnen ebenbürtig oder überlegen machen, wenn die christliche Intelligenz die fremden Quellen im Original studiert und durch eigene Erfahrung bereichert. In der Objektivität der Wissenschaft findet Roger Bacon einen Grund für die Einheit der Menschheit, denn Menschen verschiedenen Glaubens haben am Corpus des Wissens mitgewirkt. Die Natur ist stets dieselbe und kann keinen Sprung machen. In ihrem Ansichsein birgt sie auch keinen Widerspruch. Daher gelangen Gelehrte ganz verschiedener Religion zu analogen oder gar gleichen wissenschaftlichen Erkenntnissen. Der objektive Grund hierfür kann nur im Übersinnlichen liegen, das dem Glauben gegenwärtig ist.

Freilich kennt Bacon noch nicht die radikale Unterscheidung von Glauben und Wissen, nach der dem Glauben erst in der Zeit nach ihm in der inneren subjektiven Gewißheit eine ganz andere geistige Sphäre zugewiesen wurde als der wissenschaftlichen Erkenntnis, die auf die Gegebenheiten der erscheinenden Natur gerichtet ist. Deshalb hält Bacon die Überlegenheit des Christentums über die anderen Religionen für beweisbar. Dabei werden dieselben Mittel verwendet, die den Anhängern der übrigen Glaubensrichtungen ebenso zur Verfügung stehen, wie er im siebenten, der Moralphilosophie gewidmeten Teil des *Opus maius* ausführt: „*Dictum est quidem prius in mathematicis circa infidelium conversionem, quod dupliciter contingit fieri persuasionem de secte veritate, que sola est Christiana ; quoniam aut per miracula, que sunt supra nos et supra infideles, de qua via nullus potest presumere, aut per viam communem eis et nobis, que est in potestate nostra et quam non possunt negare, quia vadit per vias humane raciocinacionis et per vias philosophie, que eciam propria est infidelibus: quoniam ab eis habemus totam philosophiam; et non sine causa maxima, quatinus nos pro nobis habeamus confirmacionem fidei nostre et ut pro salute infidelium possimus efficaciter perorare.*“[35]

[35] Roger Bacon, *Moralis philosophia*, op. cit., S. 195. (In der [Darstellung der] Mathematik ist ja schon früher zur Bekehrung der Ungläubigen gesagt worden, daß die Überzeugung von der Wahrheit, die allein die der christlichen Glaubensgemeinschaft ist, auf zweierlei Weise gesche-

Diese Beweise können jedoch nicht alle Einzelheiten des christlichen Glaubens sichern, wie die Sakramentenlehre oder die Dogmen von Inkarnation und Trinität oder gar das von der Jungfrauengeburt. Setzt Bacon auf die allen vernunftbegabten Wesen zugängliche wissenschaftliche Methode, so kann er die Sätze der christlichen Theologie nicht wie physikalische Sachverhalte demonstrieren. Schon der Hauptsatz der natürlichen Theologie, der eine oberste vernünftige Ursache aller Naturerscheinungen lehrt und von allen monotheistischen Religionen akzeptiert wird, bezieht sich auf die Totalität der Natur. In seinen Reflexionen zur Naturwissenschaft hatte Bacon aber selbst die Einsicht formuliert, daß die Erkenntnis einzelne, hinreichend aus dem Gesamtzusammenhang der Natur isolierte und reproduzierbare Erscheinungen erklärt. Deren oberste intelligente Ursache aber ist kein Gegenstand solcher Erfahrung, sondern ihr erschlossener Ermöglichungsgrund und trägt zur Gültigkeit physikalischer Lehrsätze nichts bei außer der Voraussetzung einer objektiv auf ihr Erkanntwerden angelegten Natur.

Roger Bacon ist diesen Problemen nicht weiter nachgegangen. Seine Absicht war vielmehr, die untereinander in Konflikt liegenden Glaubensgemeinschaften über die Besinnung auf die Einheit der Vernunft davon zu überzeugen, daß das Christentum die vollkommene und damit vernünftigste Religion sei. Dabei nimmt er Argumente von Aristoteles, Avicenna und Alfarabi zustimmend auf und tadelt das Verhalten des Deutschen Ritterordens in Preußen, das auf Unterwerfung und nicht auf Überzeugung ziele.[36] Seine

hen kann, entweder durch Wunder, die über uns und über den Ungläubigen stehen, über welchen Weg niemand etwas voraussehen kann, oder über den Weg, der ihnen und uns gemeinsam ist, der in unserer Macht steht und den sie nicht ablehnen können, weil er über die Wege des menschlichen Schlußfolgerns und der Philosophie geht, der auch den Ungläubigen eigen ist, da wir ja von ihnen die ganze Philosophie haben; und dies nicht ohne höchste Ursache, insofern wir für uns die Bestätigung unseres Glaubens haben und damit wir zum Heil der Ungläubigen erfolgreich reden können.)

36 L.c., S. 200: „*Set christiani principes, qui laborant ad eorum [scil. Prucenorum] conversionem, et maxime fratres de domo teutonica, volunt eos*

weiteren Überlegungen im Zusammenhang der *moralis philosophia* gehen denn auch nicht so sehr auf die spezifisch christlichen Überzeugungen ein als vielmehr auf die Einheit des obersten Weltgrundes und auf die Notwendigkeit, nur eine Norm des menschlichen Handelns anzunehmen. Natur und Moral sind demnach von einer einheitlichen göttlichen Vernunft bestimmt. Den Glauben an diese erste Instanz findet Bacon in allen ihm bekannten Religionen wieder. Deshalb beruft er sich auch kaum auf christliche Autoritäten, sondern vornehmlich auf Aristoteles, Avicenna und Alfarabi, um die Gewißheit der Prinzipien von Natur und Moral zu erklären. „*Et proculdubio nos vidimus hoc adimpletum in sectis, quod omnes credunt suas sectas per revelacionem haberi.*“[37] Die Inhalte der Offenbarungen sind freilich nur in einem sehr allgemeinen Sinne vergleichbar. Die Dogmen der Trinität, der Auferstehung und andere Glaubenslehren, die in den anderen ihm bekannten Religionen nicht vertreten werden, begründen nach Bacon geradezu die Überlegenheit des Christentums. Beweise für die Trinität versucht er durch zahlensymbolische Überlegungen zu erbringen, nach denen die höchste Vollkommenheit in der Dreiheit liegen soll.[38] Den Glauben an die Wiederkunft Christi sollen astrologische Lehren stützen.[39]

reducere in servitutem, sicut certum est Predicatoribus et Minoribus et aliis viris bonis per totam Alemanniam et Poloniam, et ideo repugnant; unde contra violenciam resistunt, non ratione secte melioris.“ (Aber die christlichen Fürsten, die an ihrer [d.h. der Preußen] Bekehrung arbeiten, und besonders die Brüder des Deutschen Ordens wollen sie in die Sklaverei führen, wie es durch Prediger [Dominikaner], Minderbrüder [Franziskaner] und andere zuverlässige Männer für ganz Deutschland und Polen bestätigt wird, und also widersetzen sie sich. Sie widerstehen also der Gewalt und nicht den Gründen der besseren Sekte.)

37 L.c., S. 210f. (Und ohne Zweifel sehen wir dies bei den Sekten erfüllt, daß alle glauben, ihre Sekten durch Offenbarung zu haben.)
Abweichend vom sonstigen kirchlichen Sprachgebrauch bezeichnet Bacon auch das Christentum als *secta.*

38 *Opus maius,* Bd. I, S. 222-224.

39 L.c., S. 187-188.

Roger Bacons Reformprojekt, um das sich der größte Teil seiner Schriften bemüht, verfolgt das Ziel einer Einheitswissenschaft, die auf der arbeitsteiligen Kooperation vieler Einzeldisziplinen beruht. Darin weist das Denken des *Doctor mirabilis* in die Zukunft, auch wenn viele seiner Theoreme überholt oder falsch sind. Sein moralphilosophischer Impetus ist gleichfalls vom Bewußtsein seiner Epoche getragen. Die politischen Zeichen seiner Zeit deutet er als Vorboten des barbarischen Reiches des Antichrist, der alle Kulturen und Religionen zu vernichten droht. Erfolglos und dennoch zukunftweisend hat er sich gegen den Fanatismus der Religionskriege und für die geistige Auseinandersetzung eingesetzt. Trotz aller apokalyptischen Vorstellungen, die Bacon, wie zeitweilig sein Orden insgesamt, von Joachim von Fiore übernommen hat, ist sein Werk auf diesseitige Praxis gerichtet. Die *utilitas*, die die Menschen in allen weltlichen Dingen beachten sollen, leitet sich von der Teleologie des höchsten Gutes, der glückseligen Schau, her und unterstellt das Profane dem sakralen Endzweck. Dennoch ist individuelles wie kollektives menschliches Handeln nicht durch einen starren Weltplan festgelegt; es vermag den apokalyptischen Schrecken noch im Diesseits durch den Fortschritt der Wissenschaft zu mindern.

Zeittafel

Ca 1214 oder ca. 1220	Roger Bacons Geburt in England
1227–1235/36	Studium der *artes liberales* in Oxford
1237–1247/48	Magister der *artes liberales* in Paris. Seit 1240 Lehrtätigkeit über Aristoteles. Erste Schriften zur Logik
1247/48	Rückkehr nach Oxford. Studien der Naturwissenschaften und Sprachen. Experimentelle Arbeiten
ca. 1256	Eintritt in Franziskanerorden
1256–1279	Aufenthalt im Pariser Franziskanerkonvent
1263/64	Erster Kontakt mit Kardinal Guy le Gros de Foulques, seit 1265 Papst Clemens IV.
1266	Der Papst erteilt Bacon den Auftrag, seine Reformideen darzulegen. Beginn der Niederschrift des *Opus maius*, des *Opus minus* und des *Opus tertium*
1268	Fertigstellung der drei Werke und Übersendung nach Rom
29.11.1268	Tod Clemens' IV.
1270–1272	Abfassung des *Compendium studii philosophiae*, der *Communia naturalium* und der *Communia mathematica*

1277/78	Schwerer Konflikt mit dem Franziskanerorden. Hausarrest, Publikationsverbot und Verurteilung wegen *novitates suspectas*
ca. 1279	Rückkehr nach Oxford. Herausgabe des *Secretum secretorum* mit Kommentar
1292	Abfassung des *Compendium studii theologiae*
ca. 1292	Tod Roger Bacons in Oxford.

Bibliographie

Das folgende Literaturverzeichnis enthält nur die in diesem Buch zitierten oder erwähnten Schriften. Es stellt also keine vollständige Bibliographie dar. Ohnehin existiert keine umfassende Sammlung der Bacon betreffenden Titel. Für die Erscheinungsjahre 1848-1957 gibt es die Bibliographie von F. Alessio, *Un secolo di studi su Ruggero Bacone,* in: *Rivista critica di storia della filosofia* Bd. 14 (1959), S. 81-102. Über die anschließenden Jahre bis 1995 geben die beiden folgenden Publikationen Aufschluß: J. Hackett u. Th. Maloney, *A Roger Bacon Bibliography (1957-1985),* in: *New Scholasticism,* Bd. 61 (1987), S. 184-207 und Th. Maloney, *A Roger Bacon Bibliography (1986-1995),* in J. Hackett, *Roger Bacon and the Sciences* (s.u.).

Werke Roger Bacons

Rogeri Bacon Opera quaedam hactenus inedita, hrsg. v. J.S. Brewer, London 1859 (Nachdruck: Nendelin 1965) Darin:
Opus tertium
Opus minus
Compendium studii philosophiae
Epistola de secretis operibus artis et naturae, et de nullitate magiae.

Opus maius, hrsg. v. J.H. Bridges, 3 Bde. Oxford 1879-1900 (Nachdruck Aalen 1964).

Opus maius. Eine moralphilosophische Auswahl, hrsg. u. übers. v. P. Antolic-Piper, Freiburg 2008.

Roger Bacon's Philosophy of Nature, hrsg. v. D. Lindberg, Oxford 1983. Darin mit englischer Übersetzung:
De multiplicatione specierum
De speculis comburentibus

Moralis philosophia. hrsg. v. E. Massa, Zürich 1953

Grammatica graeca und *Grammatica hebraica (fragmenta),* in: E. Nolan u. S.A. Hirsch (Hrsg.), *The Greek Grammar of R. Bacon and a Fragment of his Hebrew Grammar,* Cambridge 1902.

Compendium studii theologiae in: Th. Maloney (Hrsg.), *Roger Bacon, The Compendium of the Study of Theology. Edition and Translation with introduction and Notes*, Leiden 1988.

De signis, hrsg. v. K.M. Fredborg, L. Nielsen u. J. Pinborg, in: *Traditio*, Bd. 34 (1978), S. 75-136.

Opera hactenus inedita Rogeri Bacon, hrsg. v. R. Steele u. F. Delorme, 16 Faszikel, Oxford 1905-1940. Darin:
Fasz. 1: *Metaphysica* 1905
Fasz. 2-4: *Communia naturalium* 1905-1911
Fasz. 5: *Secretum secretorum cum glossis et notulis* 1920
Fasz. 8: *Quaestiones super libros quatuor Physicorum Aristotelis* 1928
Fasz. 7: *Questiones supra undecim Prime Philosophie Aristotelis (Met. XII)* 1928
Fasz. 8: *Questiones supra libros quatuor Physicorum Aristotelis* 1930
Fasz.9: *De retardatione accidentium senectutis* 1928
Fasz. 10: *Questiones supra libros Prime Philosopie Aristotelis* 1930
Fasz. 11: *Questiones altere supra libros Prime Philosophie Aristotelis (Met. I-IV)* 1935
Fasz. 12: *Questiones supra librum De causis* 1935
Fasz. 13: *Questiones supra libros octo Physicorum Aristotelis* 1935
Fasz. 14: *Liber de sensu et sensato ; Summa de sophismatibus et distinctionibus* 1937
Fasz. 15: *Summa grammatica ; Sumule dialectices* 1940
Fasz. 16: *Communia mathematica* 1940

Sekundärliteratur zu Roger Bacon

Adamson, R., *Roger Bacon: The Philosophy of Science in the Middle Ages*, Manchester 1876.

Analecta Franciscana III (1897)

Bauer, H., *Der wunderbare Mönch*, Leipzig 1963.

Baur, L., *Der Einfluß des Robert Grosseteste auf die wissenschaftliche Richtung des Roger Bacon*, in: A.G. Little (Hrsg.), *Roger Bacon. Essays contributed by various writers on the occasion of the commemoration of his birth*, Oxford 1914.

Bérubé, C., *Der „Dialog" S. Bonaventura – Roger Bacon*, in F. Uhl (Hrsg.), *Roger Bacon in der Diskussion*, Frankfurt 2003, S. 67-136.

Clegg, B., *The First Scientist. A Life of Roger Bacon*, London 2003.

Crombie, A., *Von Augustinus bis Galilei. Die Emanzipation der Naturwissenschaft*, Köln/Berlin 1959.

Carton, R., *La synthèse doctrinale de Roger Bacon*, Paris 1924.

Crombie, A.C., *Robert Grosseteste and the Origin of Experimental Science 1100-1700*, Oxford 1962.

Crowley, Th., *Roger Bacon. The Problem of the Soul in his Philosophical Commentaries*, Louvain, Dublin 1950.

Duhem, P., *Le système du monde. Histoire des doctrines cosmologiques de Platon à Copernic*, Bd. III, Paris 1915.

Easton, S., *Roger Bacon and his Search for a Universal Science. A Reconsideration of the Life and Works of Roger Bacon in the Light of His Own Stated Purposes*, 2. Aufl., Westport, Connecticut 1970.

Finkenberg, F., *Ancilla theologiae. Theologie und Wissenschaften bei Roger Bacon*, Mönchengladbach 2007.

Hackett, J., (Hrsg.), *Roger Bacon and the Sciences. Commemorative Essays*, Leiden 1997.

Hackett, J., *Roger Bacon, his Life, Carreer and Works*, in: ders., *Roger Bacon and the Sciences*, S. 9-23.

Hackett, J., *Roger Bacon and the Classification of Sciences* in: ders., *Roger Bacon and the Sciences*, S. 49-65.

Hackett, *Roger Bacon on Astronomy-Astrology. The sources of the scientia experimentalis*, in: ders., *Roger Bacon and the Sciences*, S. 173-198.

Hackett, J,, *Roger Bacon on Scientia Experimentalis*, in: ders., *Roger Bacon and the Sciences*, S. 277-315.

J. Hackett, *Epilogue: Roger Bacon's Moral Science*, in: ders., *Roger Bacon and the Sciences*, S.405-409.

Heck, E., *Roger Bacon. Ein mittelalterlicher Versuch einer historischen und systematischen Religionswissenschaft*, Bonn 1957.

Hime, H.W.L,, *Roger Bacon and Gunpowder*, in: A.G. Little (Hrsg.), *Roger Bacon. Essays*, S. 321-335.

I. Kant, *Kritik der reinen Vernunft*, Hrsg. v. R. Schmidt, Hamburg 1956.

Kupfer, J., *The Father of Empiricism: Roger not Francis*, in: *Vivarium* 12 (1974)

Lay, R., *Die Ketzer. Von Roger Bacon bis Teilhard*, München o.J. (1981).

Libera, A. de, *Roger Bacon et la logique*, in J. Hackett (Hrsg.), *Roger Bacon and the Sciences*, S. 103-132.

Lindberg, D., *Roger Bacon's Philosophy of Nature*, Oxford 1983.

Lindberg. D., *Studies in the History of Medieval Optics*, London 1983.

Lindberg, D., *Von Babylon bis Bestiarium. Die Anfänge des abendländischen Wissens*, Stuttgart/Weimar 1994.

Lindberg, D., *Light, Vision, and the Universal Emanation of Force*, in: J. Hackett, *Roger Bacon and the Sciences*, S. 243-275.

Lindberg, D., Roger Bacon and the Origins of Perspectiva in the Middle Ages, Oxford 1996.

Little, A.G. (Hrsg.), *Roger Bacon. Essays contributed by various writers on the occasion of the commemoration of his birth*, Oxford 1914.

Maier, A., *An der Grenze von Scholastik und Naturwissenschaft*, 2. Aufl., Rom 1952

Maloney, Th.S., *The extreme Realism of Roger Bacon*, in: *Review of Metaphysics*, Bd. 38 (1985), S. 807-837.

Maloney, Th.S., *The Semiotics of Roger Bacon*, in: *Medieval Studies* 45 (1983), S. 120-154.

E. Massa, *Roger Bacons Werke für den Papst Clemens IV. Textkritische Untersuchungen zur Entstehungsgeschichte von Opus maius, Opus minus und Opus tertium*, in: F. Uhl (Hrsg.), *Roger Bacon in der Diskussion*, Bd. II, Frankfurt 2002, S. 13-100.

Mensching, G., *Metaphysik und Naturbeherrschung im Denken Roger Bacons*, in: A. Zimmermann (Hrsg.), *Mensch und Natur im Mittelalter*, Berlin/New York 1991 (Miscellanea Mediaevalia Bd. 21), S. 129-142.

Molland, G., *Roger Bacon's Knowledge of Mathematics*, in Hackett (Hrsg.), Roger Bacon and the Sciences, S. 151-174.

Newman, W., *An Overview of Roger Bacon's Alchemy*, in: J. Hackett (Hrsg.), *Roger Bacon and the Sciences*, Leiden 1997, S. 317-336.

M.M. Pattison Muir, *Roger Bacon: His Relations to Alchemy and Chemistry*, in: A.G. Little, *Bacon. Essays*, Oxford 1914, S. 285-320.

Perler, D., *"Logik - eine ‚wertlose Wissenschaft'? Zum Verhältnis von Logik und Theologie bei Roger Bacon"*, in: *Logik und Theologie. Das Organon im arabischen und im lateinischen Mittelalter*, hrsg. von D. Perler & U. Rudolph, Leiden 2005, 375-399.

Perler, D., *"Roger Bacon"*, in: *Die Philosophie im 13. Jahrhundert: Überweg Grundriss der Geschichte der Philosophie*, hrsg. von Ch. Flüeler u. P. Schulthess, Basel (im Druck).

Pico della Mirandola, *De hominis dignitate – Über die Würde des Menschen*, hrsg. v. A Buck, Hamburg 1990.

Power, A., *A Mirror for Every Age: The Reputation of Roger Bacon*, in: *The English Historical Review*, Bd. CXXI (2006), S. 657-692.

Humboldt, A. v., *Examen critique de l'histoire de la géographie du nouveau continent et des progrès de l'astronomie nautique aux quinzième et seizième siècles*, Paris 1836-39.

Thorndike, L., *History of Magic and Experimental Science*, New York 1923

Uhl, F. (Hrsg), Roger Bacon in der Diskussion, 2 Bde., Frankfurt a.M. 2001-2002.

Walz, R., *Das Verhältnis von Glaube und Wissen bei Roger Bacon*, Freiburg/Schw. 1928.

Weinberg, J.R., *Historical Remarks on some Medieval Views of Induction*, in: ders., *Abstraction, Relation and Induction: Three Essays in the History of Thought*, Madison/Milwaukee, 1965, S. 121-153.

Sonstige Literatur

Alhazen (Ibn al-Haitam), *Abhandlung über das Licht*, übers. v. J. Baarmann, Halle/S. 1882.

Alkindi, *De radiis*, hrsg. v. M.-Th. d'Alverny u. F. Hudry, in *Archives d'histoire doctrinale et littéraire du moyen âge*, 41 (1974), S. 139-260.

Anselm von Canterbury, *Epistola de incarnatione verbi*, in *Opera omnia*, hrsg. v. F.S. Schmitt, Bed. I, Rom 1938.

Aristoteles, *Physik*, Übers. v. K. Prantl, Leipzig 1854 (ND Aalen 1978).

Aristoteles, *Metaphysik*, Übers. v. H. Bonitz, Hamburg 1978.

Arnim, J.v. (Hrsg.), *Stoicorum veterum fragmenta*, Bd. II, Stuttgart 1979.

Augustinus, *De doctrina Christiana*, hrsg. v. P. Tombeur, Turnhout 1982 (Corpus Christianorum, Ser. lat., Bd. 32).

Augustinus, A., *De civitate Dei*, hrsg.v. B. Dombart, Turnhout 1955 (Corpus Christianorum; Ser. lat. Bd. 48).

Augustinus, A., *Vom Gottesstaat*, übers. v. W. Thimme, München 1978.

Bacon, Francis, Neues Organon, lat.-dt., hrsg. v. W. Krohn, Hamburg 1990.

Baur, L., (Hrsg.), *Die philosophischen Werke des Robert Grosseteste, Bischofs von Lincoln*, Münster 1912.

Bonaventura, *De reductione artium ad theologiam*, in: *Opera omnia*, Bd. V, Quaracchi 1891.

Bulthaup, P., *Zur gesellschaftlichen Funktion der Naturwissenschaften*, Frankfurt 1973.

Cassiodor, *Einführung in die geistlichen und weltlichen Wissenschaften (Institutiones divinarum et saecularium scientiarum)*, Freiburg 2003 (Fontes christiani, Bd. 39).

Dominicus Gundissalinus, *De divisione philosophiae (Über die Einteilung der Philosophie)*, hrsg. v. A. Fidora u. D. Werner, Freiburg 2007.

Dubois, Pierre, *De recuperatione terre sancte*, hrsg. v. Ch.-V. Langlois, Paris 1891.

Ebeling, F., *Das Geheimnis des Hermes Trismegistos. Geschichte des Hermetismus von der Antike bis zur Neuzeit*, München 2005.

Flasch, K., (Hrsg.), *Aufklärung im Mittelalter? Die Verurteilung von 1277*, Mainz 1989.

Hoppe, E., *Geschichte der Optik*, Wiesbaden 1967.

Hugo von Sankt Viktor, *Didascalicon (De studio legendi)*, hrsg. v. C.H. Buttimer, Washington 1939.

Meier-Oeser, S., Art. „*Terminismus*" in: *Hist. Wörterbuch der Philosophie*, Bd. 10, Basel 1998, Sp. 1004-1009.

Mensching, G., *Das Allgemeine und das Besondere. Der Ursprung des modernen Denkens im Mittelalter*, Stuttgart 1992.

Mensching, G., *Zur transzendentalphilosophischen Bedeutung der* distinctio formalis *bei Johannes Duns Scotus*, in: J.A. Aertsen u. A. Speer (Hrsg.), *Was ist Philosophie im Mittelalter?* (Miscellanea Mediaevalia Bd. 26), Berlin 1998, S. 543-549.

Pinborg, J., *Logik und Semantik im Mittelalter. Ein Überblick*, Stuttgart 1972.

Pinborg, J., Art. *Modus significandi* in: *Historisches Wörterbuch der Philosophie,* Bd. VI, Basel 1984, Sp.68-72.

Platon, *Timaios*, übers. v. H. Müller, in: *Platon, Werke*, hrsg. v. G. Eigler, Bd. VII, Darmstadt 1990.

Plotin, *Enneaden,* in: *Plotins Schriften,* hrsg. v. R. Harder, Hamburg 1956.

de Rijk, L.M., *Logica modernorum. A Contribution to the History of early Terminist Logic*, Bd. I, Assen 1962.

Rosier, I., *La parole comme acte. Sur la grammaire et la sémantique au XIIIe siècle*, Paris 1994.

Siger von Brabant, *Écrits de logique, de morale et de physique*, hrsg. v. B. Bazán, Louvain/Paris 1974.

M. Städtler, *Die Freiheit der Reflexion. Zum Zusammenhang der praktischen mit der theoretischen Philosophie bei Hegel, Thomas von Aquin und Aristoteles*, Berlin 2003.

W. Stürner (Hrsg.), *Die Konstitutionen Friedrichs II. für das Königreich Sizilien*, Hannover 1996.

Thomas von Aquin, *Quaestiones disputatae de veritate*, in:*Opera omnia*, Bd. III, hrsg. v. R. Busa, Stuttgart 1980.

Thomas von Aquin, *Summa theologiae*, in: *Opera omnia*, Bd. II, hrsg.v. R. Busa, Stuttgart 1980.

Wilhelm von Rubruk, *Beim Großkhan der Mongolen 1253-1255*, hrsg. v. H.D. Leicht, Lenningen 2003.

Personenregister

Sachregister